СПАСЕНИЕТО Е В СПАСТРЕНИТЕ НИ ПРИЯТЕЛСТВА

Из „Душата на моите приятели"

книга втора

Стиховете на Максим Маринов публикувах с превод на френски в том III – 2000 на списанието си **„Български писмена * Les lettres bulgares"**, *чието съдържание е включено в сайта:*

http://pismena.hit.bg

http://pismena.net.co.nr

Стихосбирката „Раздяла" на Марта Савова издадох през 2007 година със съдействието и финансовата подкрепа на нейната сестра Таня Савова, а сонетите си Йордан Ватев ми повери приживе за бъдещо публикуване.

                                           Съставителката

© Невяна Керемедчиева – подбор и предпечат
© Тошко Мартинов – графики

© Първо издание – Lulu.com – 2010

ISBN 978-1-4461-1045-4

СПАСЕНИЕТО Е В СПАСТРЕНИТЕ НИ ПРИЯТЕЛСТВА

Из „Душата на моите приятели"

книга втора

Поезията на

ЙОРДАН ВАТЕВ

МАКСИМ МАРИНОВ

МАРТА САВОВА

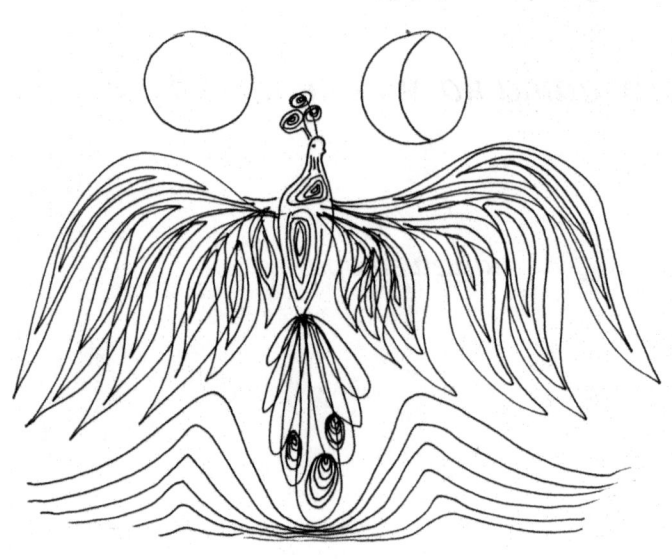

СЪДЪРЖАНИЕ

ЙОРДАН ВАТЕВ – 7
Gloria ! – 9
Сонетен венец за Рафаело – 15
Сонети за Орфей – 31
Магът Боян (сонети) – 51
Сонети за Учителя – 73
Потопът – 95

МАКСИМ МАРИНОВ – 141
Богомили – 143

Бавна светлина
Предишно – 144
*** Лежи пред мен... – 145
*** Сега по-всякога... – 145
*** Беснееше когато падах... – 146
Пътешествие – 146
Безбожна молитва – 147
*** Отнякъде идва... – 148
Само един бял лист – 149
Пчели – 150
Мантра на нин-джа – 151
*** Кой спря неведомия – 152
Оттук до следващото слънце – 152
*** Да видиш лед – 153
Душа – 154
Безбожник – 155
Молитва за вълк – 156
*** ... Ще бъде есенно – 156
*** Материя думи игра – 157
***Над фалшивия герб – 157
Молитвица на куче – 158
Зимен клас – 159
*** Смъртта не е по-дълга – 159

*** Когато се вглеждам – 160
Лунната богиня – 160
На Лорка – 161
Печална зима – 162
Бавна светлина – 164
Гарвани – 167
*** Взимам парче от тъмнината – 167
Това което не е игра – 168
Война – 170
Отмъщението на Марс – 171
*** Магия Мистиката на дъжда – 171
*** Блажено създадена чудноватост – 172
Предишно – II – 173

Последни стихове
*** Морално извратен и християнски подъл... – 174
*** Крайъгълно тихо, студено и сухо... – 174
*** Два конопени стръка ще подаря... – 175

МАРТА САВОВА

За Марта... Таня Савова – 177
*** Ти си мъничка свещ... – 179
*** Да си призная... – 179
Езерото – 180
Размисъл – 182
Дванайсети дом – 184
*** Срещи – раздели... – 184
*** Планината е гълъбова... – 185
*** Късно. Нощ. Светлини... – 185
*** Ако ти съществуваш... – 186
*** Нощ. Храм сред парка... – 186
*** Твоите устни бяха... – 187
*** Нощ! Бъди една бисерна мида... – 187
*** Вечерният час ми носи самота... – 188

Лични местоимения – I – 188
*** Вечер тиха и студена... – 189
*** В този празничен ден... – 190
*** Невероятна тъга... – 192
*** Не зная как да те открия... – 193
*** Отказах се от любовта си... – 194
Стихове за една дълга раздяла – 196
*** И след теб... – 197
Установяване на самоличността – 198
*** Душата ми е прозрачен детски балон... – 199
*** Обичаш ли гората... – 200
*** Ти не дойде и днес отново... – 201
*** Тоя отговор не очаквах... – 201
*** Старият бележник е на мойта маса... – 202
*** Аз зная че сега се боиш... – 203
*** Червени думи на листа бял... – 203
*** Живея на осем квадрата... – 204
*** Разпъната в пространството... – 204
*** Между ъглите на душата ми... – 205
*** Коси по момчешки встрани... – 205
Лични местоимения – II – 206
*** Май е най-чудният месец... – 207
Сватбата на Майя и Ицо – 207
*** Ще се срещнем пак с Вас в коридора... – 208
*** От праг до праг... – 209

Университетски преподавател – Александра Манчева – 210
За смисъла на истинското приятелство – Невяна Тасева-Керемедчиева – 211

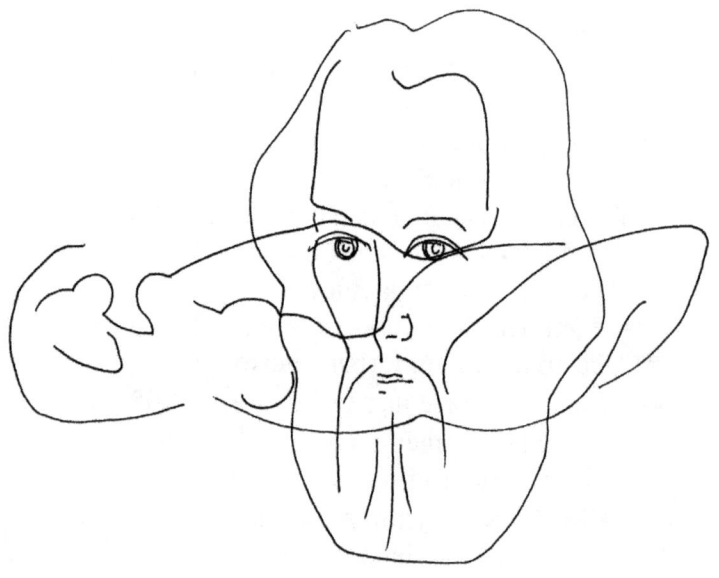

ЙОРДАН ВАТЕВ* (1933-2004)

*През 1970 г. присъствах случайно на лекция на Йордан Ватев по риторика – и в душата ми остана впечатлението за младия нисичък човек с очила, който има дар слово и изключително богата индивидуално изработена духовна култура. И пак случайно, от началото на 1996 г. досега, с него работим постоянно в Поетическата работилница „Света София, Вяра, Надежда и Любов" и в литературния салон към издателство ХРИКЕР. Преведох доста негови сонети на френски и усетих, че всяка дума носи огромен смислов заряд, бидейки точно на място в редицата от думи. Неволно образът на броеницата ме накара да осъзная, че всичко е наредено по най-естествен начин в живия Живот. И че хората (като думите) са носители на Словото Божие, всеки в своя отрязък от време в пространство сред безпределния Безкрай. Разбрах, че човек съществува не само ин-**диви**-дуално (като божествена същност, проявявайки се двойствено), а е частица от цял ред, зрънце от броеница в еволюционния поток на човечеството. С енергийно-вибрационната си същност, наречена аура, човекът в своя живот – най-истинското училище – гради, чрез своите мисли и дела, своята малка вселена, зрънце от огромната Вселена. Разбрах, че работата в Духа е най-важното за мислещия и алтруистично настроения човек. И че при добре свършената работа в Духа после идват промените и на материално-веществено равнище. Явленията* **будителство** *и* **читалище** *са реално проявление, през вековете, на индивидуалния стремеж на българина към просвета, която го озарява със Светлината на Истината. Колко светли броенични зърна трептят в нашето съществуване като народ! Може имена и човешки творения да тънат в*

---

* Четири сонетни венеца на Йордан Ватев и биографични данни за него са включени в книга първа от поредицата *„Спасението е в спастрените ни приятелства"*. Тук е дадена допълнителна библиография.

забвение, но нетленните вибрации осеняват всяко следващо поколение да поеме своя дял от Вселенския градеж чрез индивидуалния живот...

Благодаря на Йордан за вдъхновените творби, за несекващата му воля да бъде сред хората и да говори пред най-различна аудитория за най-важните неща от живота: как човек да бъде верен на самия себе си, как да върши своя дял работа в изпълнение на Божия Промисъл, как всички можем да спасяваме живота на Земята и във Вселената. Благодаря на Йордан за обичта му към Орфей, Боян Мага, Микеланджело, Бетховен, Шекспир, Гьоте, Рембранд, Рафаело, Петър Дънов – Учителя, за желанието му да приобщава все нови и нови приятели към магията на Сътворяването. Благодаря му за издръжливостта, за постоянната му вярност към Истината и за вече толкова много събудени надежди.

1999 г.   Невяна Константинова Керемедчиева,
послеслов към книгата „Потопът"

Издадени книги:

Към поезията на Росица Копукова (опит за портрет) – 2000;

Поетиката на Росица Копукова (монографично изследване) – 2001;

Сонети и хайку – трета част от сборник лирика на Росица Копукова, Наталия Ерменкова и Йордан Ватев – 2002;

Палитрата на любовта (сонети) – втора част от сборник лирика на Росица Копукова, Йордан Ватев и Емануела Николова – 2003;

Отвъд тунела – 2004.

GLORIA !

1

Да! Ти си Пътят, Истината вечна,
Животът-дар и живата вода!
За тебе свети ситната звезда,
потънала в пътеката далечна.

Стопяваш гняв и болка безчовечна,
отнемаш грях – на страх и срам следа.
Запален фар сред тъмнини, в беда
Ти даваш лек на мъката сърдечна.

Дълбоки бездни, горди планини,
реки, морета, светли равнини
и мравката вдън пещерата тъмна

Гласа Ти слушат – химн на милостта.
Пригласят им и вечността бездънна,
и сенките потръпващи в света.

2

Носете, ветрове, любов и песен!
Ехтете, планини! Гори, сърце!
Сняг тих посипа моето лице –
сноп светлина, звезди, порой небесен.

Към Твоя Трон от шемета понесен
трептя в пространства – полъх на перце,
на пеперуда шарено крилце,
зашепнал бор в съня на топла есен.

Велика самота! Летят лета.
Да мина миг вратата на смъртта,
да падна сам в прегръдката омайна

и Ти на мен Живот да подариш,
да ми откриеш славната Си Тайна,
от мен Самия Ти да ме спасиш!

3

В Ръката Ти топят се вековете,
реки пресъхват, леят се води.
какъв чудесен път ми отреди –
да бъда с Теб в кръга на световете.

Душата ми прелива в стиховете.
Бях мъртъв – пак за обич ме роди.
Духът Ти Свят във думите реди
гласа на капките на дъждовете.

Ти мой си Господар и Цар, Съдба!
Гърми в ушите Твоята тръба
и арфа гали в полусън сърцето.

Да ме залее лудото море,
ще литна пак зарадван към небето
и вярата ми няма да умре!

4

Захвърлен и ограбен без остатък,
лишен от трепет, таен зов,
намерих в Теб невикана любов
и вечност е за мен животът кратък.

Прости ми кротко всеки недостатък.
Отмина старото, сега съм нов.
Към хората да тръгна съм готов,
вървя по Стъпките Ти и нататък...

Зловещо зеят бездните зад мен.
Ти – звездна нощ, Ти – моят ясен ден,
бъди неземна музика в душата!

Единствено Ти нотите таиш,
от звукове изплиташ светлината,
под палката на любовта гориш!

5

И никога назад не ще се върна.
Гърмят под мене мътните води.
Отварям път сред пламнали звезди
и светлината искам да прегърна.

Ще мога ли – прашинка – да те зърна?
Познавам скрито Твоите следи.
Ти в тишина с Любов ми нареди
вселената във песен да обърна.

Потънаха и планини за миг.
Води! Води! Ни плач, ни зов, ни вик!
Спят сенките удавени във мрака.

Не ме е страх! Нали си Ти пред мен!
Душата ми, о, Господи, Те чака.
Води ме Ти към моя вечен ден!

6

И бяла птичка губи се в безкрая,
и блика, блика в мене песента
убила скръб, убила самота.
От Тебе идва красотата, зная!

Потъвам с Тебе в огнена омая
забравил път обратен към света.
И няма нощ, и няма пустота!
Трептят с крилете ангелите в рая.

И цялата вселена пее с мен.
С какво заслужих Твоя дар свещен?
В сърцето си извиках: „Слава! Слава!"

Облъхна ме със милост Твоят Дух.
Със Любовта Ти песента остава,
за други звукове съм ням и глух!

София, 7 декември 1997 година

СОНЕТЕН ВЕНЕЦ ЗА РАФАЕЛО

1

Божествена е твойта красота!
Звезди, планети в нея се оглеждат.
Крилата бели ангели навеждат
потръпнали в мига на нежността.

Откриват се неземните места.
Пътеките към езера отвеждат.
Зелени клони дървесата свеждат.
Прелитат тихо шарени ята.

Коя ръка рисува светлината?
Коя душа разлива добротата?
Кое сърце прощава и мълчи?

Ти с четката си грабнал световете
и любовта е в твоите очи
стаена в полъха на вековете.

2

Стаена в полъха на вековете,
потънала в покой неотразим
живее младостта – гласът любим.
Той пее в гамата на цветовете.

Кокиче ли проболо снеговете
и минзухар със пламък несравним.
От въздуха си ти неотделим,
дъга извила се над върховете.

Във капчица роса светът блести.
Над нея вечно слънце грееш ти.
Изписана е пролет по лицето.

Ръка помахнеш – спират дъждовете
и светлините бликат от сърцето.
На времето топят се бреговете.

3

На времето топят се бреговете.
Текат години. Бягат луди дни.
Палати горди – куп развалини.
Запален огън – хапят студовете.

От музика плетат се часовете.
Догонват се притихнали вълни
и хубостта ти приказна звъни,
нашепва ни: „Духа ми призовете!"

И плачат бури. Вие страшен град.
Светкавици и гръм. Нечуван ад!
Гърмят водите. Бездни се отварят.

За милост молят кървави уста.
За вечен мрак очите се затварят,
а ти гориш – светлик на вечността!

4

А ти гориш – светлик на вечността
прогонил болката от всяка рана.
От шията си сваляш талисмана
и даваш го с любов на любовта.

Ти извор си – живот и доброта!
Портрета гледам. Искам да остана!
Пиян от багри нека лъч да стана,
да бъда с теб по зими, по лета!

Ти даваш ми надежда в тъмнината,
откриваш ми гласа на тишината,
рисуваш път на истина в безкрая,

небесен път – вълни на красота!
От тебе лъхат сила, плам, омая
и младостта ти пее с пролетта.

5

И младостта ти пее с пролетта.
Пред погледа ти – пъстрите градини.
В далечината – планините сини,
в сърцето ти – на ручей песента.

Ветрец люлее тънките листа.
Стопени са и ледове, лавини.
Ухаят устните ти на малини.
В косата ти се скрива вечерта.

Владееш ти пространства необятни.
Покланят ти се стари, млади, знатни.
По теб въздишат влюбени души.

Безсмъртен си – решиха боговете!
Кой кулата би смял да разруши?
Царе и папи спят под праховете.

6

Царе и папи спят под праховете,
под мрамора, във гробове без храст.
Къде са днес омраза, гордост, власт?
Отдавна млъкнали са боевете

и само ти вървиш през вековете.
От времето ти имаш своя част.
Не те смущава нито гняв, ни страст,
спокоен разговаряш с духовете.

Ти даваш огън, красота, любов.
Към теб отправям моя таен зов –
„Бъди за мен пристанище, закрила!"

Как се реших да скрия в стиховете
копнежа си – да имам твойта сила!
Не те докосват, спират ветровете.

7

Не те докосват, спират ветровете
пред красотата. Космосът мълчи.
Отворени са хиляди очи.
Глави навеждат кротко зверовете.

На песен се обръщат плачовете.
Във викове вълшебен химн звучи.
Кой би могъл в света да различи
приятелите си от враговете?

Щом ти се спреш, умират спор, вина.
Не вее никой бойни знамена,
във светлина и мир земята плува.

Ти вдъхваш нежност, обич, топлота
и братът брата си с любов целува.
Не се боиш от студ и самота.

8

Не се боиш от студ и самота.
В сърцето ти живее добротата.
Душата ти – божествена соната –
е пълна с радост, слънце, простота.

Не си ли ти, умирам в пустота
и дните ми ще чезнат в сивотата,
ще ме прегърне скрито самотата
и пролетта ще плаче с есента,

ще ме заливат хладни дъждовете,
в душата ми ще млъкнат стиховете,
мъгли ще паднат, и слана, и сняг,

за хапчица любов ще моля гладен,
ще бъде глух и мрачен моят праг.
От музика и багри си създаден.

9

От музика и багри си създаден
ти – дух блажен на всички времена,
нестигнат връх и морска глъбина,
от вечността на вечността предаден.

За живата вода се лутах жаден.
Гори, пустини, здрач и тъмнина.
Намерих я във чудните платна,
в един живот на красота отдаден.

И приближих, и спуснах се към теб,
и ме прегърна в тишината Феб,
и светове невиждани открих.

За миг утихна вихър безпощаден,
облъхна твоят дъх стиха ми тих.
На Бога благ ще служа с дух отраден.

10

На Бога благ ще служа с дух отраден,
открий ми път, разпръсна тежък мрак.
Ще пия светлината пак и пак!
Не виждам камъни, ни клон преграден.

Не влизам в замъка през вход параден.
Щом красотата ти е верен знак,
аз ще долитам с топлия южняк
приятел скъп, не гостенин досаден.

И да умра, със теб ще бъда, знам,
и никога не ще остана сам!
Зашеметен от тонове чудесни

ще гледам горд, пиян, благословен.
В душата ми ще бликат нови песни.
Картините ще галят моя ден.

11

Картините ме галят в моя ден.
От небесата ангелите слизат,
към Божия престол със мен възлизат.
Треперя цял зарадван и смутен.

„О, Господи, най-после съм спасен!"
От облаците пухкави излизат,
в огромна звездна зала тихо влизат.
Нима съм аз за друг живот роден?

До Трона – ти, Мадоната, Исус
и строг, и кротък, в бяла дреха, рус.
Подава ми голяма златна книга.

Посягам от ръката да я взема.
Той казва ми: „Да, ти си страдал! Стига!"
Художник и поет, една поема.

12

Художник и поет – една поема
неписана от никоя ръка!
Страхувам се, та как да отрека!
От теб частица мога ли да взема?

Би трябвало да търся друга тема,
а тази ме е грабнала така!
Рекичка съм, към океан тека.
Небесен дар! Дали да го приема?

Рисувам вдъхновен един портрет.
Платното ми е моят скъп сонет.
Под четката събирам миговете.

От твоя свят завинаги пленен
на сън живея, вън от часовете.
Духът прелива в полет устремен.

13

Духът прелива в полет устремен.
Пред мен – небе. Отлита самотата.
Потъвам в царството на чистотата
от чара ти сразен, опиянен.

Не мисля – миг – какво ще стане с мен.
Не ме е страх. Залостил съм вратата.
Не виждам патиците по блатата.
Разстила се безкрай килим зелен.

Горите пеят. Хвъркат перуди.
Люлеят клони ветровете луди.
На здравец лъха! Чуден е светът!

Вселената хорала тих поема.
Не! Впускам се по тоя слънчев път!
В стиха си искам ехото да снема!

14

В стиха си искам ехото да снема,
на птиците с любов да го предам!
Не ще открадна скрито нито грам
от царската ти златна диадема.

Доволен съм прашинката да взема,
от нея храм на радост да създам,
на хората един живот да дам
и пътя си последен да поема.

Ще ни посрещнат ярките звезди,
а тук ще светят нашите следи.
Картината ще диша, ще живее.

Макар да минат хиляди лета,
душата ти в душата ми ще грее.
Божествена е твойта красота!

15

*Божествена е твойта красота
стаена в полъха на ветровете!
На времето топят се бреговете,
а ти гориш – светлик на вечността.*

*И младостта ти пее с пролетта.
Царе и папи спят под праховете.
Не те докосват, спират ветровете.
Не се боиш от студ и самота.*

*От музика и багри си създаден.
На Бога благ ще служа с дух отраден.
Картините ме галят в моя ден.*

*Художник и поет – една поема.
Духът прелива в полет устремен.
В стиха си искам ехото да снема!*

25 март 1998 г., 11.00 – 17.36 часа

Орфей – худ. Лили Димкова

СОНЕТИ ЗА ОРФЕЙ

1

Ти идеш от света на вековете,
преминал път сред светлини и мрак.
Не е смъртта оставеният знак –
на времето срутил си бреговете.

Ти пееш с песента на дъждовете,
на планините си приятел пак.
В дъба те виждам, в цъфналия мак,
в кокичето, проболо снеговете...

Гласът ти из пространствата звъни,
поемат го и морските вълни,
пригласят ти и камъни, и птици.

От пламъка велик, неугасим,
с боязън вземам няколко искрици,
в стиха рисувам твоя лик незрим.

2

Не спират часовете своя бяг –
от вечността към вечността отиват.
Морета страшни и реки преливат,
руши се най-издигнатият бряг.

На времето юмрукът тежък, як
стоварва се. Палатите се сриват.
Владетелите вдън земя се скриват –
не ги спасява златотъкан стяг.

В миг отшумяват имена и слава...
На лирата ти песента остава –
повтарят я планети и звезди.

Магическите звукове се леят
нетрепнали пред бесните вълни –
и минало, и бъдеще владеят.

3

По стъпките ти върхове вървят
и вълци спират своя вой в гората.
На теб отстъпва трона си зората,
с поклон те среща шареният свят.

В небето синьо птиците летят,
настига се вълната от вълната.
Белее се снегът по планината,
нетленен, пак разцъфва твоят цвят.

Чертите ти остават вечно живи
в дъждовни дни студени и мъгливи.
Не се засенчва твойта красота.

Стопява се ликът на боговете –
и до върха невидим на света
сред светлина те вдигат вековете.

4

Живея в царството на самотата,
но друг не съм за обич призовал.
Сонети седмострунни съм създал –
духа си тих навел пред красотата.

Поглеждам как отлитат си ятата,
как сенки скриват светлия кристал.
Любов и стих напразно ли съм дал?
Мълчи безгласна пустотата.

По пътя завист, дъждове, злина,
ала душата грее в светлина –
ти даваш ми живот, надежда, сила.

Не нося лира в моите ръце.
Вселената на тебе е дарила
единствено омая, плам, сърце...

5

Докосна ме с духа си вечността,
Смирен до образа ти свят заставам.
Не думи, мислите на теб отдавам –
душата си заключих за света.

Ти знаеш тайните на мъдростта.
В твой плен завинаги оставам.
Животи хиляди да преминавам,
ще диша в мен, ще пее песента.

С поклон те среща мигом бъднината,
прозряла в тебе знака на съдбата –
тъкана от безчислени слънца.

Какво съм аз? Една свещичка тиха
пред пламъка на будните сърца.
За тебе те всевечен химн родиха!

6

Богатството е твойта доброта,
не се премерват на везни делата.
Душата ти излъчва светлината –
неземната велика красота.

Веригите жестоки на света
стопяваш като лазер сред тъмата.
На твойта мъдрост грабва ме вълната,
издигаш ме над студ и суета...

В сърцето твое пламнал е пожар –
от боговете благ прекрасен дар.
Сърцето ти до капка се разлива.

Не знаеш ти предел и брегове.
Изгрява слънце, слънцето се скрива,
но твоя дух не плашат ветрове.

7

Недокосваем си, Певецо, знам.
Ти стъпките ми в мрака направляваш
и стиховете бликнали създаваш.
Спасил си ме от страх, от студ, от срам.

Ти казваш ми какво в мига да дам.
От Любовта на мен любов даряваш.
Съкровища безценни обещаваш,
а не отнемаш ни прашинка, грам.

Не се боя от старостта жестока,
ни от смъртта – от пропастта дълбока,
от хитрини, от примки, от злини.

Ти заличаваш грехове и грешки.
Ти укротяваш ревнали вълни,
Превръщаш в песен писъци човешки.

8

Слугите на света не знаят чет,
пред силните навеждат си главата,
в зелени багри виждат синевата,
наричат „свобода" принуден гнет.

И само ти – безсмъртен дух, поет,
приятел на цветята и тревата,
политнал си над мрака и мълвата,
стопяваш планини душевен лед.

Пред пътя твой отстъпват боговете,
живеят с името ти вековете
и гръмовержецът замлъква заслепен.

Как искам тайната ти да узная,
искрица да поема сам от твоя ден,
да скрия в стих частица от Безкрая!

9

Години ме крепи една мечта –
питон в прегръдката си да ме вземе,
стрелите, злото, завистта да снеме,
да ми дари любов и доброта.

Измамите „сияйни" на света,
отровата прикрита да отнеме –
да оковем и спомени, и време,
да влезем в ритъма на Вечността.

Не съм владетел, обграден от стража,
не мога мравка, гълъб да накажа
за някакви измислени злини...

Минават с дух Орфеев в стиховете
от космоса написаните дни.
Мълчат вълните, чезнат бреговете.

10

На вечността отворената книга
в душата пее, стихове реди.
Докосвам диамантени звезди,
сърцето ми до Бога се издига.

Не съм ни славей, нито чучулига,
не ме тревожат тръгнали води.
Зад мен немеят страхове, беди,
кой смее да ме спре, да каже: „*Стига!*"?

Отиват си години, часове.
Рушат се камъни и брегове,
дворци на шепа пясък се обръщат.

Една Любов владее над света –
със нея времената се загръщат,
прогонват гняв, омраза, грозота.

11

За мен си ти светът във огледало,
космическата вечна светлина.
Не зная страх, ни срам, ни грях, вина,
сърцето своя път е начертало.

Кое ли божество те е създало?
Кое ветрило вее ведрина?
Ти – глас на флейта в нощна тишина,
светилище на хълма засияло!

Ще стигнат, вярвам, стъпките до мен.
Ще те очаквам всеки миг и ден
във мисълта си с дух да те прегърна.

В сонетите рисувам те с любов.
Божественият лик в стиха се върна
и пали пак надежда, песен, зов.

12

Издигна ме над земните неща
на младостта ти огнената сила.
Вселената от мене не е скрила
невидимата вечна красота.

Навяват сенки хиляди ята.
Измамата живота е обвила,
Но рее се пак птица пъстрокрила
на щастието в зими и лета.

С какво заслужих тоя дар, не зная,
във малкото сърце събрал безкрая?
От тебе имам дадената власт.

Не ме заключват в обръч времената.
Не съм изсъхнал клон, изтръгнат храст,
полива ме със тайни светлината.

13

Докоснах се до живата антена,
захвърлих грижи, страхове, злини.
Изпълни тишината мойте дни –
частица съм от цялата Вселена.

В мен диша, блика сила вдъхновена
и глас божествен в моя стих звъни.
Не ме люлеят лудите вълни,
не ме слепее буря разгневена.

От огъня взех капка светлина.
Летя над граници и времена.
Угасват битки, лумнали пожари.

Числата пеят химни на любов –
на сферите небесни господари,
носители на таен благослов.

14

Очите гледат чудеса неземни,
поля от неувяхващи цветя.
Над ледовете горд ще прелетя,
ще ме поемат пламъци вълшебни.

Не се загубвам сред зрънцата дребни,
към твоя свят за миг ще отлетя.
От слава как ще се зашеметя?
Как ще ме хванат примките последни?

Пътеката е нишка от звезди,
от бисери под бездни от води.
Магическите знаци сам откривам.

В мен вее дух на мир и красота.
От чашата Божествена отпивам
омайния нектар на любовта.

15

Отгде ли идват тия стихове,
пленили ме изцяло в беднотата?
Кой дава на сърцето добротата
и младостта – без брод и брегове?

Кой великан за подвиг ме зове?
Кой тихо пали огъня в душата?
Кой към света отваря ми вратата?
Кой спира бури зли и ветрове?

В нощта напразно мълчалив се взирам,
ни думичка, ни сричка не открива.
Платното бяло мълком се тъче.

Над мене ти ръцете си простираш.
Дебели клони любовта сече,
над планини от пепел ме въздигаш.

16

Изтръгнати из корени дървета
след тебе в строен ред вървят.
Покланят се треви, скали и цвят,
заслушват се и езера, морета.

В палитрата вълшебна на сонета
е скрита музиката – твоят свят,
с далечно ехо ритмите звънят
и пак пред мен е пламът на поета.

Кой смъртен смее да го угаси?
От участта си кой ще се спаси?
Недостигаем си от боговете!

Гласът ти из пространствата лети.
С космическа омая часовете
по мъдрия закон владееш ти.

17

На Омир, на Сафо и на Пиндар
с любов подал си чашата вълшебна,
не си измислен мит, легенда древна.
От космоса си ти изпратен дар.

Гаснее необхватният пожар
на пищната измама земна,
под стъпките ти лирата безценна
излива водопади от нектар.

И музите те гледат срамежливо,
забравили изкуството си живо.
Сред тишина владее твоят глас.

Как песните засипват времената,
как силата излива се и в нас,
как гали ни в прегръдка светлината!

18

Пред тигрите ревящи на властта
с прашинка страх не падам на колене.
Зрънце е всеки крал могъщ пред мене –
сам скъсал нишката си с вечността.

В сърцето ми извира радостта.
Светът от бури гневни пак ломен е,
но с тебе връзката ми е нетленна –
дори да падна повален в пръстта.

Тракиецо, летящ през времената,
в духа ми идеш, лееш светлината,
отваряш ми космичните врати.

Палати падат, грохотът е страшен,
но твоят глас сред ужаса шепти –
божествен звън за всеки миг сегашен.

19

Ще минат триста хиляди лета,
една любов ще грее с вековете.
Ти ще останеш вечност в стиховете –
спасена ще е твойта доброта.

За мен си извор жив на красота.
Изпратиха те скрито боговете
да укротиш пороя, ветровете,
да станеш **Господарят** на света.

Сонетите на тебе посветени
ще палят искрите в души ранени
от думи кръвожадни и от студ.

За неродените ще си опора
и твоят глас ще е очакван, чут
с надеждата за всички други хора.

20

Обичам ли те? Питам се. Не зная.
Живота два са вплетени в едно.
Сега е стрък посятото зърно...
Дъбът могъщ пак взрял се е в безкрая.

Не, никога не мога да узная
кой стан тъче прекрасното платно.
По него няма прах – нито петно.
Началото е тук, не виждам края.

Дори да стигна до звездите чак
или да ме погълне адовият мрак,
ще бъда с тебе, твоя зов ще чувам.

Ще пия несравнимия нектар.
Сред боговете бог ще те сънувам,
Орфей всевечен! Скъп небесен дар!

МАГЪТ БОЯН

сонети

*На г-н Никола Мандулов
с признателност
за попадението на заглавието*

1

Безкраен бисер във космически води,
неотразимо слънце в тъмнината,
ти носиш вечността на светлината
и пламъка на хиляди звезди.

Кой смее твоя дар да изреди,
да спре прибоя вечен на вълната,
да улови във мрежа времената
и да им сложи сребърни юзди?

Под ветровете ширят се пустини,
на пясък стават горди властелини,
угасва стон и плач, и вик, и зов...

Преминала брега на вековете,
не се стопява моята любов
и образа ти ваят стиховете.

2

В нощта пак чух гласа на тишината:
„Сам и един!" Дойде при мен за миг.
Открих закона таен и велик,
приех повелята на времената.

Разбрах аз знаците на Светлината,
от мисълта не се откъсна вик.
Заблудата сви своя зъл камшик,
сред зимен студ ме лъхна топлината.

В пробудената памет ти дойде.
Не питам ни защо, ни откъде.
С духа видях вълшебната картина.

Бял лебед – ти в простора се яви,
потънах в аромата на жасмина,
омаяха ме жертвени треви.

3

Стоте и осем трепета получих,
щом лотоса в ръката си държа.
Не ме ранява капчица лъжа,
да стигна космоса в стиха сполучих.

В живота днес урока си научих –
да съм прашинка, ала да тежа.
На три планети аз до смърт държа,
на Шамбала във вечността се включих.

Годините минават, ще умра,
но пак ще видя залез и зора,
пред погледа ми ти незрим ще грееш.

Обичам те. Намерих в твоя свят
аз истината – с пламък да се влееш
в напъпилия неувяхващ цвят.

4

От космоса получих дар свещен.
Помислиха за мене боговете
и господарите на карма. Часовете
превърнаха на извор вдъхновен.

В душата ми избликват ден след ден
нашепнати за тебе стиховете.
Топят се планините, бреговете
пред образа ти – моя бор зелен.

Не търся в словото ти сила скрита.
Очаквам те. Защо, сърце не пита.
Живот и смърт в мълчание делим.

Минават сенки, облаци на слава
и цар всевластен, фараон любим,
но диамантът с вечността остава.

5

В кръга хиляда истини открих,
изпратих в точката стрелата-мисъл.
Аз никого така не съм обичал
и тайната зад думите си скрих.

Ти даваш пламъка на моя стих,
от космоса зърното ситно – смисъл.
Цветенца крехки досега съм писал,
днес любовта на тебе поверих.

Отваряш ти вратите вечно живи.
Звездите сплитат рой венци красиви,
небесни сфери леят ведрина.

От вековете идваш на земята,
принадлежиш на всички времена,
в сърцето си заключил добротата.

6

Ключа на бездните владееш ти.
Безстрашен виждаш световете скрити,
докосваш се до тайни неоткрити,
духът ти из пространствата лети.

Жестока буря страшно да ехти,
сто зими да налегнат снеговити,
ти върхове стопяваш ледовити,
отваряш непознатите врати.

Преодолял си суетите земни,
събрал си и съкровища безценни,
на Мъдростта жив въглен си предал.

Не могат в бедността безчет закони
да спрат това, което ти си дал,
да уловят във шепа вихрогони.

7

Преходни са и славата велика,
короните и всичките неща,
измамните фанфари на властта
и любовта под маска многолика.

В полето се люлее трепетлика,
жълтеят най-зелените листа.
Момчето пада в плен на старостта,
в незнаен час смъртта ще го повика.

На времето си таен господар,
на беден и богат поднасяш дар,
с потомствата завинаги живееш.

В сърцето-свят водите си събрал.
С неугасими дух и пламък грееш,
на тихите души утеха дал.

8

На космоса отворената книга
в душата пее, стихове реди.
Докосвам мигом златните звезди,
сърцето ми до Бога се издига.

Не съм ни славей, нито чучулига,
не ме тревожат тръгнали води.
Над мен немеят страхове, беди.
Кой смее да ме спре, да каже: „Стига!"

Отиват си години, часове.
Рушат се крепости и брегове,
палатите на пепел се обръщат.

Бояне, господарю на света,
със тебе вековете се загръщат,
прогонват гняв и мрак, и пустота!

9

Защо съм тъй спокоен, аз не знам.
Не ме е страх от дъждове и бури.
Пред мен сияят сините лазури,
не натежава самота ни грам.

Живея ли? Душата ще раздам.
Очите виждат макове, божури.
Прелитам с мисли над гори от мури,
пристъпвам към един незнаен храм.

Там ти си жрец на тайните световни.
Пълзят край тебе змиите отровни,
но техните зъби са пепел, прах.

Минаваш граници, епохи, време.
Не те докосва гордост нито страх.
Кой може същността ти да отнеме?

10

Умря светът и ти роди се в мен.
Завинаги отхвърлих самотата.
Намерихме се двама в празнотата
на тоя свят неверен и студен.

От любовта погален и спасен,
пленен от пламъка на красотата,
без страх поемам път към планината –
в нощта намерил моя ярък ден.

Стопиха се богатства и палати.
Отнесоха ни птиците сърцати
в една вълшебно приказна страна.

Назад не можем да се върнем двама.
Потъваме във мир и тишина
далеч от бури, дъждове, измама.

11

Познавам пътищата на смъртта.
Кой би Го спрял – животът продължава.
Отиват си и власти, титли, слава,
открита е пред всички вечността!

Да прелетят сто хиляди лета,
беснеещ ураган да се задава,
пак кармата непипната остава,
макар плътта да гние във пръстта.

Духът недокосваем е велик.
Той няма ни нозе, ръце, ни лик,
минава с времената млад и силен.

Така прелиташ ти през векове
донесъл и зърна, и плод обилен,
неустрашим пред гръм и дъждове.

12

За кой ли път и докога – не зная –
ще бъда с твоя образ вдън нощта.
Не ме премазват студ и пустота,
пътеката на бъдното чертая.

Потъвам в светлина, любов, омая,
живея с ритъма на вечността.
Отминах пропастите на света,
не питам где са мрака, ада, рая.

Надеждата душата осени.
Притихват бури, дъждове, вълни,
брегът отсрещен с радост ме поема.

Не ме владеят сенки, страхове,
не ме вълнува нагласена тема.
Минаваме пространства, векове.

13

В мига си господар, след миг си прах.
Как ще затвориш времето в ръката?
Как ще препречиш пътя на реката,
на Сарасвати със един замах?

На силата си слабостта разбрах.
Ти знаците магични на Хеката
не виждаш по издига на дъгата.
Пред планината си сразен от страх...

Послушай през нощта гласа съдбовен
на вечния Боян – той не е спомен
от стари времена, легенда, сън.

Вълшебна светлина ще те облее,
до теб ще стигне тих неземен звън
и Мъдростта в дъха ти ще се влее.

14

Познал си истината без въпроси,
под пламъците си видял жарта,
зад формите открил си същността –
края велик на всички сенокоси.

От извора водата жива носи
сърцето ти – подарък на света.
Познаваш пътя таен на смъртта
и милост твоята душа не проси.

От векове си пак във векове,
за тебе няма брод, ни брегове.
Духът ти благ в безкрайността пътува.

Наричат те другар, приятел, враг,
Самотният в душата си тъгува
да разгадае твоя таен знак.

15

Умират хора в огнени прегръдки,
минути унес, думи за любов.
Остава неизказан, тъжен зов,
забравят се пронизващите тръпки.

От живата вода не пият глътки,
души ги жажда, хапе студ суров.
Към бреговете търсят моста нов.
В пустинята се губят ситни стъпки.

Ние с теб вървим по пътя неоткрит –
път диамантен, не сред кал, гранит.
Звездата Източна напред ни води.

Какво са смехове, жени, мъже,
искрици бледи, камъни, несгоди?
Не ни завръзва страшното въже.

16

Изцяло твой съм без предел и време,
с душата ти владея вечността.
Свободен, горд аз пия мъдростта.
Не се боя смъртта да ме поеме.

Не ми тежи ни страх, ни срам, ни бреме.
Аз съм това, което съм в света.
Сърцето ми е пълно с красота.
Кой би могъл за миг да я отнеме?

Над мене зорко планините бдят.
Градините са пълни с вишнев цвят,
от клоните снежинките се ронят.

Едно кълбо невидим танц върти.
Из равнините вихрите се гонят.
В душите слети еделвайс цъфти.

17

От раждането до смъртта сме живи,
ту лято огнено, ту зимни дни.
Очите гледат мрак и светлини,
лица усмихнати и мълчаливи.

Дали сме грозни, или сме красиви,
добри, или удавени в злини,
камбаната за нас ще прозвъни
в незнаен час. Ще станем сенки сиви.

Утихват разбеснели ветрове.
Ще ни посрещнат други векове,
ще сме облечени със други дрехи.

В космическия вечен кръговрат
ще имаме провали и успехи,
но с тебе ще сме двама – брат до брат.

18

Знам, аз съм ти и ти си аз, така е.
От космоса повеля е дошла,
Не ще ни стигне никоя стрела,
редът вековен тайната ни знае.

Във мрака паяк мрежа да чертае,
вихрушката да ни отнася зла,
по пътя ни да пада мраз, мъгла,
един живот за двама ще се вае.

Преминал съм сто хиляди блата,
любов жадувах, верност, доброта –
на края си на дните те откривам.

Вземи от мен каквото искаш ти.
В духа велик вселената намирам –
препълнения рог на любовта.

19

Вървели сме един към друг, преди
да спрем на тоя бряг красив, незнаен.
От векове ни грее огън таен
неугасим под снегове, води.

Покриват ни планети и звезди
с извезан диамантен шал безкраен.
Не ни докосва вятърът случаен,
не ни поглъщат зинали беди.

По вечната река на времената
летим, приели с химни светлината,
открили чашата на мъдростта.

Строшили сме оковите човешки,
презрели сме и гняв, и суета,
печалби, загуби, прикрити грешки.

20

Затворени са земните врати.
Една любов в душата тихо зрее.
Над пътя ми велико слънце грее,
орелът бял в пространствата лети.

Омайват ме безкрайни широти.
Космическата арфа песен лее.
Духът живителен във мен живее,
в ръката клонче борово трепти.

От Бога имам дадената радост
да ме облива ангелската сладост.
Пред нас ще спират бъдни векове.

Покланям се във мислите си скрити.
За теб са тия верни стихове –
сияние над дните ми честити.

21

Лекуваш ти душите наранени,
стопяваш болка, плач и гнет стаен.
Към слънцето си литнал устремен
над хоризонтите благословени.

Смиряваш бури, вихри разгневени,
живот дарил на болен, уморен.
Над върхове сияеш – бор зелен,
над равнини, поля изпепелени.

Намерили сме се във тоя мрак,
в сърцата скътали божествен знак.
Отиваме към бъдещето скрито.

Какво ни чака, знаем ти и аз.
Ще пием от виното недопито
на мъдростта в горещи дни и в мраз.

22

Листата зеленеят и жълтеят.
Топят се ледове и снегове.
Гърмят води. Пустеят брегове.
Беснеят бури. Ветрове немеят.

Царе могъщи в багреници греят
и мислят, ще живеят векове.
Смъртта и тях без жал ще призове,
надежди, сили, дни и власт пилеят.

Единствен ти не се боиш да спреш –
от любовта с любов да раздадеш,
докато има на земята хора.

Със мен си бил във мир и във война.
За мен си днес и вяра, и опора –
неразрушима каменна стена.

София, 2002 г.

СОНЕТИ ЗА УЧИТЕЛЯ

1

Ти идеш от далечни светове,
преминал през морета, океани,
понесъл хиляди човешки рани
със блага реч и бели цветове.

Във теб живеят други векове,
надмогнал си ред властници, тирани.
Видял си смях, гняв, вдигнати стакани
и дъждове, и бури, ветрове.

Ти вечността невидимо владееш,
в помръкнали души, ти – слънце – грееш,
създаваш нов живот и светлина.

Потомствата минават, заминават,
но в твоя храм остават в тишина
словата ти. Велика мъдрост дават.

2

Минават векове. Небето свети.
Не спират миг великите води.
Нареждат химн планети и звезди,
пригласят им спасените поети.

Свещените искри не са отнети,
те любовта запалват сред беди.
Храм бял във космоса ти съгради,
пристъпвам аз към него със сонети.

Не смея името да промълвя,
по път от цъфнали цветя вървя.
Летят години, месеци, сезони.

Над мене нека кървав дъжд вали
и буря нека бурята да гони.
Не ме настигат пуснати стрели.

3

Къде отиват думи златокрили?
Къде се губят истини, лъжи?
Над коя съвест мечът скрит тежи?
Къде са страшните неотменими сили?

Кои мухи в листака са се скрили?
Кой котарак до тигъра лежи?
Кой крокодил със весел глас тъжи?
Кои богини в ада са се свили?

Светът е кораб с вдигнати платна,
но плува в полусенки, тъмнина,
от бряг до бряг пътува без посока.

Гърмят, утихват ветрове, вълни.
Следи потъват в бездната жестока
и само твоят вечен зов звъни.

4

По челото ти слънцето сияе,
светът облива се в лъчи.
Вселената е в твоите очи,
към Бога път душата ти чертае.

И мравката по камъните знае
добро от зло с любов да различи.
Лъвът пред теб се спира и мълчи,
копривата на теменужен дъх ухае.

Моретата се вливат в бял поток.
Излива бисери вълшебен рог,
изпълват се сърцата с дух и радост.

Мъдрецо, ти си връх на планина,
бездънен кладенец на вечна младост,
гора потънала във тишина!

5

На вечността си господар – приятел,
тя милва те с мир, мъдрост, благослов.
Люлее те космическа любов,
химн пее ти могъщият Създател.

Прашинка става ловкият ласкател –
ни чул, ни вникнал в чистия ти зов.
Ловецът връща се от празен лов,
смиряват се и крал, и неприятел.

В спасените сред ужас времена
върви напред неспирната вълна,
отдръпват се страхливо бреговете.

Студ, вихри, дъждове и тъмнина,
на хиляди чакали виковете
изчезват в бялата **виделина**.

6

Пазител на вратите на Живота –
над бездни, пълни с гръм и суета, –
летиш на несравнима висота,
примамките отхвърлил на хомота.

Да смее всеки да напише нота,
да скрие в песен сила, доброта...
Гориш над покривите на света
и топлиш всякоя душа сирота.

Не си вълшебникът на чудесата –
над теб крила простират Небесата,
разтворени от ангелски ръце.

Владетелите земни се стопяват
пред пламъка на твоето сърце
и скрито път на стъпките ти дават.

7

Теб – слънцето на Истината вечна,
изпратено от древни векове, –
без думи моята душа зове,
окъпана от светлина далечна.

Във тоя свят на мъка безчовечна,
на рухнали палати, брегове,
на хапещи жестоки ветрове,
на дъжд и камъни, и пяна речна

една скала стои, не се руши –
подслон за смазани сърца, души.
Учителю, това е твойто Слово.

Сто хиляди лета да отлетят,
ще бъде всеки миг по-мъдро, ново –
разцъфнал, жив ще бъде твоя цвят.

8

Във диамантеното утро ти
короната си огнена издигаш –
над прахове и пясък, – не прикриваш
прекрасните живителни черти.

Земята земетръс да сполети,
ти лодката понесена не спираш,
към Запада от Изток гордо вдигаш
платната недокоснати от тъмноти.

От глъбините сини на небето
идваш – и планините, и морето,
и равнините плуват във лъчи,

и музика вселената обгръща.
Покорно времето пред теб мълчи,
със златен шал и слава те загръща.

9

Кой пребивава в космоса – велик?
Духът ти всемогъщ владее времената.
Замира полъхът на ветрилата
стопени от Божествения лик.

Не може генерал, нито войник,
да впери погледа си във стената
градена с пламъка на Светлината.
Не пада тя пред грохот, плач и вик.

Щом кръговрата вечен управляваш,
ти млад и жизнен винаги оставаш –
зад пътя ти са планини от прах.

Човекът охка, тича, пада, страда.
Спасителят си ти – отнемаш страх
и не приемаш думи за награда.

10

Ти сееш светлина. Светът е нива,
сред бурени покълват семена.
За миг замлъква вятър, глас, вълна.
Царува тишината вечно жива...

В страната на смъртта духът отива
и връща се във други времена –
пак пие пролетната ведрина,
пак тайните на космоса разкрива.

По тънка нишка крачките вървят –
цъфти и вехне розовият цвят...
Дърветата жълтеят, зеленеят,

но с твоята душа – дар за света –
душите многобагрени живеят,
познали мъдрост, правда, красота.

11

Ще дойде тихо старостта немила –
неканената гостенка в нощта.
Ще вперим жален взор към младостта,
загубили мечти, любов и сила.

Картина есенна се е открила –
стон притаен, отвеяни листа,
пронизващ вятър, студ и пустота,
слана в косите хитро се е скрила.

Учителю, ти даваш лек незрим,
разпръскваш сенки, облаци и дим,
от Живата вода донасяш глътки.

Нахлува пролет в мъдрото сърце,
духът трепти в космически прегръдки,
облива радост тъжното лице.

12

„Пазете любовта! – шепти ни Бог. –
Тя управлява цялата вселена."
От грижи смазана и уморена,
душата стене в каменен чертог.

В ръката си държи съдбата рог –
злини излива, буря разгневена,
надеждата умира притаена
под удара на скрит закон жесток.

Докосне ли се Словото ти вечно,
в сърцето идва слънцето далечно,
светът потъва в ярка светлина.

От хората израстват исполини
и вее дъх на чудна ведрина,
и се възраждат купища руини.

13

Властта ти милост, доброта раздава,
жадувани от хиляди души.
Не може земен цар да утеши
тревогата човешка с думи, слава.

На слънцето душата се отдава,
палати горди, замъци руши,
на злото огъня ще потуши
и победена – пак ще побеждава.

На теб, владетелю на вечността,
безсмъртен дух – баща на мъдростта,
дарявам тия стихове стаени

в сърцето ми, облъхнато от лъх
на бели кремове в блян сътворени
от твоя тих животоносен дъх!

14

Очите гледат чудеса неземни –
поля от неувяхващи цветя.
Над ледовете горд ще връхлетя,
ще ме поемат пламъци вълшебни.

Не се загубвам сред зрънцата дребни,
към твоя свят за миг ще отлетя.
От слава как ще се зашеметя?
Как ще ме хванат примките последни?

Пътеката е нишка от звезди,
от бисери под пламнали води.
Магическите знаци преоткривам.

Живея с дух на мир и красота.
От чаша диамантена отпивам
омайния нектар на любовта.

15

Небесната ти лодка тихо плува,
минава през космически врати –
духът ти свети и сред самоти
раздава дарове, с любов пътува.

От вечни векове тя съществува,
с неизброими пламъци трепти,
със силата на бял орел лети –
да лее мир и добрина жадува.

В кръга велик на вечността стои
и мислите елмазени рои –
в душите преродени обитава.

Наричат те „Учител, брат, мъдрец".
Лишен от цвят измамен, шум и слава –
от Мъдростта обкичен си с венец.

16

По път обратен няма да се върнеш,
със изгрева вървиш от ден към ден.
Топиш до капка мрака вледенен,
Вселената готов си да прегърнеш.

Милиарди чудовища да зърнеш,
ще ги отминеш благ и вдъхновен.
Напред ще гледа твоя взор блажен,
на злото със злина не ще отвърнеш.

В неизчислими бъдни векове
душата скрито пак ще те зове.
Ще даваш пак живот, победа, сила.

От Бога иде дарът несравним...
От силните не търсиш ти закрила,
не се боиш от пламъци и дим.

17

На вечния живот яйцето знаеш,
с корона бяла грееш над света.
Пресичаш пътищата на смъртта,
в пространствата на космоса дълбаеш.

По камъни и пясък не гадаеш,
притегляш жицата на мъдростта,
с божествената сила, красота
на Истината стъпките чертаеш.

Не си ти принц, израснал във палат –
люлян си бил от Дух и благодат,
дошъл си отдалеч, далеч отиваш.

Пресичаш поднебесните стени,
пред планини и замъци не спираш,
пред сфинксове сред голи равнини.

18

Кълни и диша житното зърно
зарито в нивата на времената.
Над него се излива светлината.
Омайва окосеното сено.

По шарките на бялото платно
плетат се нишките на тишината,
играе полъхът на ведрината,
сребро покрива тънкото влакно.

В небето хвъркат пъстрокрили птици,
размесват се и хора, и езици,
събира ги в едно и дух, и реч.

Те са камбаната на върховете –
звън по-могъщ от удара на меч,
по-силен от рева на ветровете.

19

На любовта от извора аз пия,
минавам сам епохи и страни.
Ни студ, ни жега ще ме нарани –
изпълва ме пак силата, не крия.

Пред мен вилнее бурята-стихия,
отнася камъни и планини,
покрива с пясък златокъдри дни.
В нощта сам мога пътя да открия.

Словата ти са фар неугасим,
зад тях гласът на Мъдростта – любим,
несекващ, чакан – нов закон издига.

Мирът разкъсва всяка брънка зло
от земната ръждясала верига
и пази разлюляното стъкло.

20

От Обич и от Истина си сплел
шал звезден, метнат тихо над Земята.
Понесъл песента на красотата,
ти притежаваш мъдрост на орел.

Във теб космическият акварел
рисува чашата на добротата.
Отворил си завинаги вратата
за хората – без страх, със своя цел.

Не търся ни похвали, нито думи,
не се боя от упреци-куршуми.
Родих в сърцето тия стихове.

Бог даде ми душата ти да зърна,
да мина планини и брегове –
вселената възторжен да прегърна.

24-26 май 2002 г.

ПОТОПЪТ

На страдащите

1
Каза ми Бог:
„ Черна е земята пред очите ми.
Облаци се събират над нея.
Планините се навеждат пред злото.
Людите ми не знаят милост.
Сърцата им са грамада от камъни.
Сухи ветрове ги обгръщат.
Станали са тигри.
Тихо стъпват.
Точат зъбите си по пълнолуние.
Хвърлят се срещу жертвите си.
Изгризват костите им.

2
*Захвърлят кожите им
Не чуват стенанията на бедния,
охканията на болния
моленията на беззащитния,
плачовете на самотния,
шептенията на гладния,
роптанията на излъгания.
Изпиват потта на отрудения.
Отнемат живота на невинния.
Плетат примки за праведния.
За добро ги създадох,
за зло ги откривам.*

3
Злоба е изкривила лицата им.
Няма усмивка на устните им.
Очите им са кръвясали.
Ръцете им са ненаситни.
Дадох им Дух от духа си,
Мисъл от мисълта си,
Слово от словото си.
Те се отвърнаха от Закона ми.
Угасиха Светлината ми.
Забравиха Истината ми.
Мрак и беззакония царуват над живота им.
Станали са вълци в агнешки кожи.

4
Слънцето се скрива от злодеянията им.
Морските бездни се червят от делата им.
Звездите плачат от помислите им.
Луната ридае от стъпките им.
Ще ги накажа!
Ще смажа силата на самовластието им!
Ще отнема богатствата им!
Ще запуша извора на лъжите им!
Ще изскубя миглите им!
Ще превия прешлените на гордостта им!
Ще ги накарам да познаят силата ми,
да забравят, че са рожби на волята ми!

5
Търпението ми прелива чашата.
Омърсиха земята ми.
Сърцето ми не издържа гледката.
Милярди по милярди тежат греховете им.
Срам нямат.
Пълни са с престъпления.
Мислят, че не ги виждам.
Ще угася светлината на дните им.
Мракът да ги погълне.
Ще пусна водите от небесата си.
Ще отворя бездните под нозете им,
ще ги направя сенки в страната на ужаса.

6
Ще сложа окови на омразата им.
Ще запечатам с огън гърлата им.
Ще запуша с грохот лицемерието им.
Ще разлюлея земята.
Ще разчупя стрелката на времето.
Нека познаят, че съм Бог!
Нека узнаят, че всичко връщам –
кражбите и насилието,
пороците и престъпленията.
Правдата е у мене,
Истината е в сърцето ми.
Везната е в ръцете ми.

7
Неподкупно е съденето ми.
Каквото са търсили – това са намерили.
Посятото – посято,
пожънатото – пожънато!
Никой не може да възпре волята ми.
Аз съм Господарят на времената.
Моя е вселената –
звездите и планетите.
Аз нареждам ритъма на сезоните.
Зимата и лятото,
есента и пролетта
идват и си отиват според повелята ми.

8
Аз давам живот в глъбините на безкрайното,
в утробата на бъдещето.
Земните владетели са изсъхнала трева
под стъпките ми,
сух пясък под нозете ми.
Сине мой, слушай!
Наклони ухото си към Вечния,
чуй гласа ми
през бурята на гнева ми!
Отварям вратите на водите.
Милост нямам.
Ще залея земята и всичко по нея –

9
светилищата и палатите,
планините и полетата,
моретата и океаните.
Седем дни и седем нощи ще бучат водите,
ще се леят от ръката ми.
Ще станат огромни вълни
и ще утихнат.
Водите ще станат равни като огледало.
Ще се слеят с небесата.
Косъм не може да ги отдели.
Ще умрат и грешните, и праведните,
и животните, и рибите, и птиците.

10
Земята ще се скрие от очите ми.
Не бой се! Аз ще те въздигна над водите
и капка няма да те докосне.
Ти си любимият на сърцето ми.
Ще направя нова земя и ново небе.
Ще дам живот на душите на праведните,
на животните, на рибите, на птиците.
Ти ще владееш над избраните
от стените на изток до стените на запад,
от стените на север до стените на юг.
Ти ще отключваш и заключваш
вратите на царството ми.

11
*Ще възхваляваш името ми,
ще пееш песента на славата ми.
Давам ти сила да редиш думите си.
Хвани се за дрехата ми!"*
„Не смея да повдигна лицето си, Господи.
Как да погледна Светлината Ти?
Очите ми се замрежват.
Не мога да повярвам на ушите си!
Нито спя, нито съм буден,
а чувам Гласа Ти и внимавам за Мислите Ти.
Верно е, Господи, злото покори земята.
Справедливо е Твоето Възмездие.

12
Самота и страдание са дните на човека,
виждам това според пътищата на живота ми.
Пред кого да открия душата си?
Пред кого да изплача сърцето си?
Хората ме захвърлят.
Смеят се подир стъпките ми,
одумват ме с гордостта си,
сочат ме с пръстите си,
завиждат ми с гънките на злобата си.
Казват помежду си: „Блаженият минава!
Няма какво да яде.
Стихове са храната му.

13
Сенки на сън са водата му,
облаци са думите му.
Гледа доброто на другите, а е празна кесията му,
радост дава, а е мъртва градината му!"
Не ми е мъчно, Господи, не ми е мъчно.
Те не познават пътищата си.
Тръгват към върха на алчността си,
а падат в пропастите на измамите си.
Мъртви са очите им,
непролети сълзи се събират в зениците им.
Ушите им са глухи за мъките на тихия,
за надеждата на очакващия.

14
Крачките им са големи
                към планините на богатството.
Кражби и смърт са рожбите на злодеянията им.
Страшна е гордостта им,
по-силна от ураган над океаните,
по-могъща от жезъла на кралете.
Угаснала е светлината на прозорците им,
не могат да видят края на дните си.
Стрелата се връща към сърцето на ловеца.
Спасение няма.
Накажи ги, Господи, ала не отнемай светлината,
полъха на вятъра,
диханието на въздуха,

15
капките на дъжда,
гласовете на птиците,
стъпките на елените,
скока на катеричките,
шепота на боровете,
песента на потоците,
люлеенето на тревите,
блеенето на агнетата,
пъстротата на цветята,
бръмченето на пчелите.
Закон е Думата Ти. В Духа е Силата Ти.
Нова земя и Ново небе ще обграждат Славата Ти.

16
Каза ми Бог:
„Вдигни очите си!
Не се страхувай да видиш лицето ми!
Аз съм тук, а ме няма пред погледа ти.
Слушай думите на сърцето ми,
дръж се за дрехата ми.
Ще те вдигна високо над световете.
Сега ще пусна водите
и земята ще се изгуби от погледа ти.
Ще прибера душите на людите си.
Не гледай да ме намериш.
Ти си ме срещнал в сърцето си.

17
*Аз съм направил дом в тялото ти,
светилище в душата ти,
крепост в духа ти,
пътя пред нозете ти.
Аз съм Вечният и Невидимият,
но виждам и товара на мравката
                в дъното на бездната,
и блясъка на бисера под черупката на мидата
в глъбините на океана.
Не ме търси в пространствата на звездите,
по пътеките на ветровете,
по полетата и цветята,
по крилете на птиците,*

18
*в сребърните капки на дъждовете,
по клоните на дърветата,
по чашките на цветята,
в тихия воал на снежинките,
в шарената дъга над планините,
по розовата дреха на утрото,
в пламъка на слънцето,
по палитрата на залеза,
по кроткия път на луната,
в кандилниците на свещениците,
в нарисуваните образи по иконите,
по разноцветните стъкла на храмовете.*

19
Аз съм навсякъде и съм никъде.
Дръж се здраво за дрехата ми,
укрепи духа си в Словото ми.
Ще те въздигна над върховете земни,
ще те направя свидетел на Гнева ми,
приятел на Радостта ми,
утешител на праведните,
защото си мачкан от беззаконниците,
от гордите и бездушните,
от крадците и злодейците.
Няма да ги събера под крилата си,
няма да ги пазя от смъртоносния клюн
                    и нокти на орела."

20
И вдигна ме Бог над върховете земни.
Здраво се държа за крайчеца на Дрехата Му.
Земята се люлее като лист в пространството.
Реват с грохот и сила ветровете небесни.
Мрак и бучене поглъщат земята.
Водите се леят седем дни и седем нощи.
Планините падат в разтворените бездни.
Светилищата рухват.
Палатите на владетелите стават пепел и кал.
Градовете се скриват под вълните.
Хората викат, дирят пътеки сред хаоса,
ръце простират за милост към Всевишния.

21
Гърчат се под удара на Гнева Му.
Смъртта владее времето.
Каза ми Бог:
„Не гледай назад!
Остави мъртвите
            да търсят напразно милостта ми.
Не се вглеждай в лицата на сенките,
дупки са очите им.
От тях огнени змии издигат главите си,
въртят ножовете на езиците си.
Ето людите ми – господарите на преходното!
Гнезда на ястреби са сърцата им.
Меса се късат под човките им.

22
В кръв са потънали краката им.
На глад и войни предадоха земята ми,
въздуха и водите убиха с отровите си,
унищожиха създаденото от мене. Как да ги пожаля!
Не искам да ги гледам! Не искам да ги чувам!
Не трябваше да ги създавам,
да им давам живот с диханието си.
Ще отскубя перата им,
            ще ги хвърля в бездната на нищото.
Ще ги направя прах от лава, застинала под нозете ми.
Ще я пръсна по четирите посоки на ветровете,
по четирите полета на вселената,
зрънце да не остане от нея.

23
*Нагледах се на престъпленията на злите,
на тихите стъпки на крадците,
на кръвясалите очи на убийците,
на дългите пръсти на алчните,
на ледовете в сърцата на надменните,
на пясъците в душите на измамниците,
на обещанията на властниците,
            наметнати с пъстри тъкани,
на крокодилите, покрити с агнешки кожи,
на вълците, накичили се с рога на елени.
Ще ги премажа под силата си!
Ще ги залича от Книгата на времето.
Търпението ми стана грахово зърно в шепата ми."*

24
Земята се скри от очите ми.
Бученето утихна.
Водите спряха.
Станаха равни като огледало, сляха се с небесата.
Тишина погълна вселената.
Каза ми Бог:
*„Не се отделяй от мене,
не се откъсвай от стъпките ми!
Вдигни очите си,
погледни лицето ми!"*
Със страх повдигнах очите си
и видях силна Светлина, и чух Гласа Му:

25
„Ето какво направих с Людите си!
Те се мислеха по-могъщи от мене, техния Бог.
Плетеха мрежите си, не почитаха Волята ми,
нито Словото ми, нито ближния си,
убиха Плодовете ми.
Наказах ги.
Скрих земята под тежестта на водите.
Никой не може да ги отмахне.
Ще събера сенките на мъртвите пред Престола ми.
Ти ще застанеш до мен и ще слушаш Съденето ми.
Ще извикам тези, които са сторили зло в живота си,
ти ще кажеш последната Дума на Волята ми."

26
Застанах отдясно на Светлината
и видях океан от сенки,
паднали по очите си.
Грамадни змии пазят бреговете му.
страшно съскат пазителите.
Кой може да се върне от Отвъдното?
Кой може да каже: „Аз съм по-силен от Бога"?
Помислих си: Къде е славата им?
Къде е властта им?
Къде са богатствата им?
Къде са стрелите на злобата им?
Къде са пространствата на владенията им?

27
Бог махна с ръка
и дойде ангел с руси коси и сини очи,
като слънце грееше лицето му,
като тънка топола трептяха крилата му.
Каза му Бог: *„Донеси Книгата на живота!"*
Ангелът я донесе.
Каза му Бог:
„Разтвори Книгата на живота!"
Ангелът я разтвори.
Каза му Бог:
„Застани отляво на мен с Книгата на живота!"
Ангелът застана.

28
Бог заговори на сенките.
Гласът му гърми в пространствата небесни.
Змиите спират съскането си.
Сенките не смеят да вдигнат лицата си.
Слушат думите на Вечния:
„Изчадия на тъмнини безлунни.
Аз знам какво сте вършили
по късите пътеки на преходното.
Тук всичко е записано в реда на беззаконията ви.
Говорехте с лица безтрепетни,
със устни побелели от омраза: „Няма Бог!"
Сега лежете пред Престола ми
                            и пак кажете: Няма Бог!

29
*Нещастни сенки! Дадох ви живот –
отнехте от живота на народа ми.
Откъснахти от хапката на гладния,
изпихте капката на жадния,
откраднахте и ризата на голия,
с лъжи плетехте злодеяния против ближния.
Затворихте очите си, запушихте ушите си
за истина и справедливост.
Сега награда за делата ви ще дам.
Душите ви безмилостни ще съдя.
В града на слънцето добрите ще живеят,
а вие в мрака ще се лутате без път за връщане."*

30
Погледнах Светлината
и ангела, разтворената книга,
и грешниците, сгушени от страх
и казах скрито във сърцето си:
„Престъпили са те Закона, Боже,
с делата си по пътищата земни,
реда на сътвореното от Теб са нарушили,
налагали са свойта воля.
Прости им, Боже, моля Те, не ги наказвай,
не ги оставяй с вечността да стенат.
От Светлината Си искрица дай им,
във нова книга стъпките им да се впишат."

31
Каза ми Бог:
„Да бъде думата ти, сине мой!
Ще залича следите на злините им,
ще посипя с пепел злодеянията им,
ще затворя очите си пред греховете им,
ще забравя, че са престъпили Закона ми,
че в гордостта си
са обругали Името ми.
От тъмни сенки ще ги направя на звезди
по новото небе над новата земя.
Мир да залее душите им,
светлина да обгърне дните им."

32
И Бог махна с Ръката си.
Книгата на живота се затвори.
Змиите се скриха.
Сенките се изправиха,
погледнаха към Светлината
и се поклониха към нея.
Музика грабна пространствата.
Отвориха се портите на времето.
Очите на сенките се изпълниха с радост,
прошката огря сърцата им,
познаха Славата и Милостта на Всевишния,
Силата на Вечния.

33

Каза ми Бог:
„Чух мислите в сърцето ти,
гласа на душата ти.
На мен си се уповавал в часовете на страданията си,
в самотата на дните си.
Ще добавя Слово към словото ти,
Любов към любовта ти,
търпение към търпението ти,
Дух към духа ти.
Изреченото от тебе ще се впише
      в Книгата на бъдещето,
ще бъде предадено на времената.
Ти ме обичаш!"

34

Велика е Любовта Ти, Господи!
Безкрайна е силата Ти!
Ти каза: *„Да бъде!"*
и стана.
Залезът и утрото се прекланят пред нея.
Вселената ме приема в прегръдката си.
Пролет идва, пролет си отива.
Зима идва, зима си отива.
Изворът не прекъсва.
Бездните и пространствата ми пригласят.
Слънцето и звездите ми се усмихват.
Луната ме гледа с умиление.

35
Възлюбеният ми не познава времето.
Вековете са прашинка в Шепата Му.
Смъртните сенки се стопяват в Светлината Му.
Диханието Му носи живот.
Господи, да е благословена Ръката Ти!
Над води ме издигаш.
Над пътищата на планетата ме поставяш.
Словото ми е тревичка на вятър.
Как да Те прославя?
Как да кажа: „Обичам Те, Господи!"?
Очите ми се затварят.
Устните ми се заключват

36
и проговори сърцето ми:
„Милостта Ти зная, Господи!
Тя е силата на живота ми,
огъня на дните ми,
стиховете на душата ми.
Не ме е страх от ветровете,
не се боя от клопките на злите.
Не се стъписвам пред погледа на господарите.
Не се заслушвам в многодумството на законниците.
Ти си ми господар и хранител.
Към Тебе тичат стъпките ми.
Към Тебе се издигат ръцете ми.

37
Към Тебе бягат мислите ми.
Ти не си ме оставил
и няма да ме оставиш никога.
Не извръщаш Лицето Си,
не ме отминаваш с презрението Си.
Пази ме, Господи, пази ме!
Наметни ме със Светлината Си!
Утеши духа ми!
Дай ми сила, Господи,
сила ми дай!
Радост ми дай, Господи!
Приюти ме в Обятията Си!

38
Сложи слово в сърцето ми!
Сложи милост в душата ми!
Сложи истина в делата ми!
Научи ме да прощавам, Господи,
да не изпускам дума против ближния,
да прощавам на крадеца ограбил дома ми
на лъжеца, приспал доверието ми,
на жестокия, отхвърлил любовта ми,
да затварям раните в душите им,
да ходя в Светлината на Правдата Ти,
да Те прославям, Господи,
в тишината на духа си!

39
Не можех да говоря – словото ми владее хиляди.
Не съм красавец – любовта идва по пътищата ми.
Възрастен съм – младостта е приятел на сърцето ми.
Чудесни са Даровете Ти, Господи!
Неизразима е Добротата Ти!
Великолепна е Щедростта Ти!
Времената не стигат да я опиша.
Езикът ми не може да намери думи.
Мисълта ми не може да я обхване.
Музиката заглъхва пред нея.
Кой ваятел ще извае образа й?
Кой художник ще нарисува хубостта й?

40
Кой поет ще открие рими за нежността й?
Чудя се, Господи.
Ти си в гънките на сърцето ми.
Мислите ми знаеш, преди да съм ги изказал.
Крачката ми знаеш, преди да съм я направил.
Нуждата ми знаеш, преди да съм я изрекъл.
На смъртта вратата за мен си затворил.
От змия ме пазиш, преди да съм я настъпил.
Издигнал си ме до Престола Си.
Дал си ми правото да мълвя Името Ти,
да гледам Светлината Ти,
да пия от Чашата Ти.

41
Велика е Любовта Ти, Господи!
Велика е!
Кой ли може да ми я открадне?
Кой ли смее да ми я отнеме?
Кой ли знае да я грабне от живота ми?
Благодаря Ти, Господи!
Благодаря Ти!
Да е Славата Ти във вековете на вековете!"
И каза ми Бог:
"Ето този ангел е приятел твой и закрилник.
Той ще ходи с теб по пътищата ти.
От нищо не се страхувай.

42
Аз го изпращам при тебе.
Не го откъсвай от сърцето си."
И погледнах ангела,
и зърнах верността в очите му,
и се насладих на хубостта му,
и разбрах че съм му скъп.
И слязох от мястото до Престола на Бога,
и седнах на седмото стъпало на стълбата.
От двете ми страни – два бели орела.
Погледнах надолу и видях:
на шестото стъпало – два бели гълъба,
на петото стъпало – две бели кучета,

43
на четвъртото стъпало – два бели елена,
на третото стъпало – две бели котки,
на второто стъпало – две бели агънца,
на първото стъпало – два златни лъва.
Ангелът застана пред мен.
Отвори Книгата на бъдещето.
Песен е гласът му.
Заслушах се в Думите на Бога.
Мъдрост заля душата ми,
напои мислите ми,
даде сол на сърцето ми,
хляб на духа ми.

44
Дивна е красотата на Мъдростта Ти, Боже!
По-сладка от мед е Правдата Ти!
Ще я скрия в глъбините на разума си,
ще я открия пред людите Ти.
Горда е душата ми,
радостно е сърцето ми.
Ръката Ти е на рамото ми.
Дъхът Ти облива лицето ми.
Силен ме направи, Господи.
Милиони армии няма да ме уплашат.
Милиони удари няма да ме убият.
Слушам Словото Ти чрез думите на ангела:

45
„Мъдростта е слънце над времената.
Книгите не я крият в страниците си.
Учените не я създават с думите си.
Търговците не я продават по сергиите си.
Мъдростта е Пътят към ближния,
музиката в сърцето на поета,
картината под четката на художника,
арфата в ръцете на музиканта.
Любов са струните й.
Песен на славей е гласът й.
Слонова кост е рамката й.
Научи се да живееш според Закона й.

46
Прави добро и не търси възхвала.
Улови капките дъждовни в шепата си
и накваси устните на жадния.
Дай от хамбарите на душата си жито на гладния,
помагай му да върви по Пътя.
Стани огледало на мъката му,
огледало на надеждите му,
огледало в ръката му –
да знае къде минава,
да не се препънат нозете му
под товара на грижите,
да не се хвърли тигър отгоре му,

47
да не се спусне боа над него, без да я чуе,
да не падне в пропаст, без да я види.
В малките неща е истината.
Многото думи нищо не казват.
Красивите думи радват ухото.
Кротките думи дават криле на Духа.
Не се отделяй от приятеля си,
когото си намерил в годините на младостта му.
Не ходи сам в гората за ягоди,
да не би змия да изскочи от листата,
да те погълне сънят на смъртта,
тишината да затвори очите ти.

48
Може вълк да излезе насреща ти,
може мечка да замахне с лапата си.
Внимавай къде минаваш.
Аз съм Изворът.
Чуждите води са отровни, макар да са сладки.
Не гледай лицето, търси душата на добрия.
Слушай мълчанието на Любовта.
Не давай ухото си на многогласието.
Лъжата има хиляди примки за лековерния.
Посади едно дърво в градината си
и се радвай на клоните му,
очаквай плодовете му, поливай го с любовта си.

49
Не се плаши от нощите на безсънието.
Крадецът не спи от престъпленията си,
убиецът – от сенките на жертвите си,
властникът – от измамите на обещанията си.
Вярвай на бедния, отмини богатия.
Погледни луната през прозореца.
Мълчи и всичко знае.
Отива си и се връща.
Скрива се и се показва,
едра като пита, тънка като сърп.
Не се бои от времето.
Колко очи са я гледали! Къде са?

50
Водите на времето текат по моя Воля.
Очите на завистниците не променят пътя й.
Мъртвите са я виждали
и живите я виждат,
и бъдните ще я виждат,
преди да отидат в царството на сенките.
Учи се от скромността й, от гласа на мълчанието
Не се лъжи от звъна на златото,
от измамната сила на славата.
не се загръщай със скъпи кожи.
Не сядай на трапезата на властниците.
Не се гордей с приятелството на силните на часа.

51
Те мислят, че ще владеят вечно.
Днес звън на чаши, утре нож на гърлото.
Щастието е в тишината на сърцето ти,
в радостта на духа ти,
в любовта към Всевишния, в прегръдката на Вечния,
в озарението на Светлината ми.
Аз съм Бог и ще дойда, щом ме повикаш.
Ще те изтръгна от ръцете на неприятелите ти,
ще махна примката от шията ти,
обръча на притесненията ти,
ще стана крепост на спокойствието ти,
убежище на мъдростта ти.

52
Не променяй хората,
не ги карай да следват стъпките ти,
да ходят по пътеката ти.
Пътеките са много, Пътят е един.
Кладенецът е сърцето на човека.
Дъното стига небето на юг.
Отворът стига небето на север.
Времената въртят колелото на въжето.
Ведрото пада, ведрото се издига по мойта Воля.
Празно пада, пълно се качва.
Поколения и поколения пият от водата на кладенеца.
Водата не се свършва.

53
Лете не пресъхва, зиме не замръзва.
Яка ръка трябва да движи колелото на добротата.
Ведрото се изкачва в мълчание.
Не се къса въжето на любовта.
Здраво са оплетени нишките му.
Злобните и студените умират от жажда.
Напукани са устните им,
отслабнали са ръцете им,
безпомощни са пръстите им.
Нямат сила да помръднат колелото на кладенеца.
Пустиня са дните им.
Пясъци горят нозете им, а вода няма.

54
Забравили са Името ми.
Захвърлили са Закона ми.
Сами поемат стъпки към отвъдното.
Научи ги да изпълняват Волята ми,
да пият вода от Кладенеца ми.
Аз ще премахна жаждата им,
ще наквася устните им с Духа си.
Бузите им ще станат червени като рози,
очите им – ясни като зората.
Зелени полета ще станат часовете на живота им.
Буйни потоци ще мият нозете им.
Палми ще пазят сянка над главите им.

55

Не взимай и зрънце ориз от чинията на бедния,
да не заседне на гърлото ти.
Страшна е участта на крадеца.
Мисли си: „Никой не ме вижда."
В чуждия дом тичешком се промъква.
Ръцете му потръпват.
Услаждат му се кражбите. Никой не го открива.
Множат се престъпленията му.
Все по-голямо става озлоблението му,
все по-страшна – жестокостта му към беззащитния.
Лицето му е издялано от камък.
В сърцето му няма трепет.

56

Любовта бяга от него.
Лъха на смърт.
Никой не го обича. Никой не го очаква.
Никой не го погалва дори с върха на пръста си.
Гниенето му е ужасно.
Сложил е сам примката на шията си.
Избрал е пътя на унищожението си.
Помогни му с добри думи.
Увещай го да се откаже от престъпленията си,
да се откаже от беззаконията си,
да върне краденото,
да се откъсне от злото, което гризе душата му.

57
Да разплете възела на лъжите си,
да усети спокойствие в сърцето си.
Той знае, че познавам делата му,
пътеките на помислите му.
Аз съществувам. Нека казва: „Няма Бог!
Няма космос! Няма възмездие!
Ще правя каквото си искам! Кой ще ме види?
Мога да крада мога да лъжа,
мога да взема и ризата на жертвата си,
и парчето хляб от масата оставено за утре,
и завивката от леглото на мъртвата,
която вчера е погребана. Кой ще ме спре?"

58
Отведи крадеца до извора на Словото си.
Налей му от водата на Кладенеца ми.
По-черна от мрак е мъката му.
Скрито се пита: „Защо ли живея?" –
и пак върви по пътя на злото.
Не се затварят нощем очите му,
като вълк скита, излязъл от леговището си.
Светкат зениците,
протягат се ръцете към чуждото,
злоба и страх изпълват мислите му.
Няма щастие,
не е развеселена душата му.

59
Не намира мир в сърцето си.
Мъртви са клоните на дървото.
Птичка не кацва,
мравка не минава по дънера.
Червеи пълзят по корените.
Рони се корта му.
Змии се припичат на камъните под дървото.
Прости на крадеца.
Издигни ведрото от дъното на Кладенеца ми.
Полей корените, дай живот на листата му.
Направи го ново дърво на нова земя.
Това да бъде работата ти.

60
Обърни очите си към слънцето.
Пий Светлината ми.
Благославяй живота, който съм ти дал.
Аз съм с теб.
Аз съм фарът на брега на океана,
скалата над пропастите.
Няма да паднеш.
Избрал съм те, преди да вдъхнеш Диханието ми,
преди да се намериш в утробата на майка ти.
От злини съм те спасявал.
Издигнах те над водите.
Направих песни да бликат от сърцето ти.

61
Дадох ти силата да изградиш
                    Катедралата на Любовта,
да прескочиш границите на времето,
да предадеш на вечността
портрета на младостта, която срещна на пътя си.
Радвай людите ми!
Спасявай падналите,
давай смелост на слабите,
надежда на самотните!
Бъди убежище за отхвърлените,
хляб за гладните,
утеха за ограбените,
опора за немощните.

62
Не се спирай пред портите на знатните.
не търси приятелството на известните,
душите им са пълни със завист,
издигнати са клепките им,
лъвска е походката им,
ала прах ще остане от костите им.
Славата им ще погине.
Вятър ще отвее перата им.
Не подавай шепата си,
неизмеримо е богатството ти.
Звездите не се доближават до него,
песъчинките са раздробен камък пред него.

63

Слово имаш. Галиш душите на хората.
Води ги при мен в тишината на дните им.
Изведи ги от страната на сенките,
отвори им вратите на Светлината.
Създавай им време за размишление.
Голяма е работата, която ти повелявам да правиш.
Не скърби, че е отхвърлена любовта ти,
че знатните се правят, че не те познават,
не те викат на сборищата си –
нека ядат и пият с равните си,
нека делят славата си,
нека се надиграват помежду си,

64

нека с презрение поглеждат лицето ти,
нека си храна на думите им.
Ти не си самотен.
Моята обич ти стига.
Аз давам Сила на словото ти,
живата вода за духа ти,
само да завъртиш колелото – и ведрото се издига.
Аз, Вечният, Неподкупният, няма да те оставя.
Ще напълня чашата ти с благословение.
Нека знаят хората ми, че към теб е Сърцето ми.
Проверил съм те като диамант.
Не се отказа от Името ми.

65

*Беден си – ще те обсипя с даровете си,
гладен си – ще те нахраня със словото си,
тъжен си – ще пратя ангела си да ти посвири,
да погали тънките струни на арфата.
Духът на Давид ще бъде пред тебе.
Небесни песни ще се леят под пръстите му.
Тъгата ти ще се разпилее по ветровете.
Ще се напълни с радост сърцето ти.
Ще имаш нова сила в душата си,
нови думи на устните си.
Стрела няма да те достигне,
перце няма да падне от крилата ти.*

66

*Аз те закрилям.
Нека ти завиждат, нека те одумват.
Ти си избраникът ми.
Жив те оставих след страшното наводнение.
Искам Думите ми да предадеш на людите ми.
Скътах те в обятията си,
направих те тръба на Словото си.
Не се страхувай от нищо,
името ти няма да изчезне,
няма да прошуми като звън на чаши,
като песен по време на сватба,
като марш на бойци преди заколение.*

67

Пази Закона ми!
Говори на людите ми по новата земя –
и те да го пазят.
Това ти казвам Аз – Първият и Последният.
Не се отделяй от бедния.
Послушай стенанията на самотния,
влез в тишината на страданието му,
влей светлина в мрака на очакването му,
разбери болката от веригата на часовете му.
Не се лови на приказките на хората,
слушай гласа на съвестта си.
Дал съм ти ключ за подземията на душите.

68

Отвори вратите.
Запали светилника си.
Не се омайвай от думите на многогласните,
лъжата е нишката на перлите.
Преценявай мъдро делата на ближния –
дали са огледало на Волята ми,
или камък в пропастта на преходното.
Изостряй слуха си за неизказаното,
за да разбереш истината на казаното.
Не се предавай на съмнение,
вярвай на Словото ми.
Давам ти Мъдрост, която искаш да имаш.

69
Везната е в ръката ти.
Вдигни главата си, не клепките, сине мой.
Гледай стъпките на мравката.
Светът и да те изостави, аз – никога.
Аз съм Бог твой.
Ти не знаеш Плановете ми,
нито посоката на Мисълта ми.
Всичко съм приготвил за доброто ти.
Изтрил съм греховете от живота ти.
Направих те по-бял от морската пяна,
по-топъл от лятното слънце,
по-нежен от перо на гълъб.

70
Казвай на людите ми, че съм милостив,
нищо, че пуснах водите над главите им.
Не пратих злите в подземията на мъченията,
върнах ангелите със седемте меча на бедрата си,
със седемте вериги във ръцете си,
със седемте пламъка на устата си.
Послушах сърцето ти
и скрих радостта от думите ти.
Винаги ще те закрилям.
Страшен съм за беззаконниците,
кротък съм за смирените,
за бедните и страдащите.

71
Ти си син на сърцето ми,
рожба на душата ми.
Разказвай за добротата ми.
Прошката е в дълбочините на помислите ми.
Светлината е майка на делата ми.
Довери се на десницата ми.
Не мисли за погрешките си,
за тръните, уболи нозете ти,
ходи изправен по пътеката на доброто.
Гълъбче идва на прозореца ти,
събужда те с гласа на нуждата си.
Дай му да клъвне от хляба ти.

72
Не отказвай трохите пред очите му,
водичката в чинията му.
Отвори торбата си за гладния,
не се знае утре кой ще я напълни.
Да не се свиди на душата ти,
да не търсиш и ти трохичките на щедрите.
Никой не знае пътищата си.
Не пъди любовта от живота си,
милостта от сърцето си,
мъдростта от разума си.
В тишината на делата си търси Истината ми,
не духай свещта в ръката си.

73
*Зная всяко кътче на душата ти,
всеки полъх на мислите ти –
умножавай милостта в сърцето си.
Завистниците плетат мрежи около тебе,
искат да те обвият с нишките си.
Аз ще те избавя.
Нищо лошо няма да ти се случи.
Аз определям стъпките на човека –
стъпки на хиена или стъпки на елен.
Дай смелост на самотните,
на смазаните от студа на равнодушието,
полей лехите на вярата им.*

74
*Нека знаят, че съм Бог,
че имам власт над пътищата им.
Нищо не могат да сторят без мене.
Вековете вървят по ритъма си,
времената се редят според желанието ми.
Раждат се и живеят, живеят и умират людите ми,
царствата се издигат до небесата ми,
царствата стават прах под нозете ми.
Само аз съм Вечният.
Властниците не могат да ме смаят със славата си,
да ме вплетат в мрежите си,
да ме заблудят с лъжите си,*

75

да ме подкупят с богатствата си,
да кажат: „Искаме да владеем вечно!"
Има ли нещо вечно под небето, освен мене?
Погледна на север – царствата стават прах
погледна на юг – царствата стават прах,
погледна на изток – царствата стават прах,
погледна на запад – царствата стават прах
в мига на Волята ми.
Горди са властниците, ненаситни са помислите им.
Искат да хванат времето в шепата си,
да се разпореждат с людите ми,
да изтрият Закона ми.

76

Нищо не могат да отнесат в отвъдното.
Алчността им остава погребана в пръстта.
В гроба се стопяват костите им.
Споменът за тях мъждее пред погледа ми.
Затворя ли очи, умира в мрака на времената.
Къде са колесниците и императорите,
папите и кралете?
Къде са замъците и палатите?
Прах! Прах! Прах!
Прослави ме, сине мой,
кажи истината на людите ми,
нека не се възвеличават в гордостта си.

77
*Нищо не струват короните и багрениците,
величията и властта пред Волята ми.
Прослави ме в тишината на духа си!
Призови ме в часовете на старостта си
и аз ще дойда, няма да те оставя
в ръцете на лицемерните, на лъжемилосърдните,
на тези, които чакат лопатата на гробаря
да те скрие под земята,
за да грабнат парченцето от ризата ти.
Аз съм до теб във видимото и в невидимото.
Аз съм господарят на живота и смъртта.
Ти ме познаваш.*

78
*Покори се на Волята ми и ще бъдеш доволен.
Любовта ми ще се събере в шепата ти,
ще те погълне Светлината ми.
Помни! Аз те обичам!
Не губи звездата от погледа си.
Не се отклонявай от Пътя.
Не го търси по улиците и кръстопътищата,
по планините и манастирите,
сред смеховете на разгулните,
в прегръдката на продажните,
в чашите с вино, в дима на тревите.
Потърси го в себе си – и ще го намериш.*

79
Погледни в сърцето си – и ще го откриеш,
и Светлината ми ще те озари,
мир ще ти даде,
ще утихнат вълните на душата ти.
Ще влезеш в дома, който сам си приготвил.
Аз съм Бог и говоря това, за да знаеш Истината.
Не се лутай в тъмнината на преходното,
в суетите на желанията,
в сенките около пламъците.
Създадох те, за да познаеш Вечното,
да имаш радост и да ме следваш през дните си,
да ме благославяш в нощите си.

80
Не слушай езика на злите.
Мед капе от него, но отровата му е страшна.
Примките им са пъстри, но са жестоки.
Слушай Гласа на Невидимия,
на Духа, който говори.
Радвай се на раждането, не се плаши от смъртта
Аз съм с теб през всичките ти съществувания,
със затворени очи да вървиш, няма да се спънеш.
Крепи те ръката ми.
Аз те водя по Пътя.
Аз прогонвам тъмнината пред очите ти.
Аз насочвам Светлината върху стъпките ти.

81
Аз спасявам името ти от забравата,
от хулите на злите, които не се боят от мене,
които казват: „Няма Бог! Няма разплата!"
Остави учените да се навеждат над книгите,
погледни нещата, които стават с тебе,
и ще откриеш, че ме има.
Ето, седиш пред мен. Ангелът чете Словото ми.
Отворил е Книгата на бъдещето.
Светлината е пред очите ти.
Кой ще ти каже: „Лъжеш!"
Унищожих земята, потънала в беззакония,
потопих я под водите.

82
Ще отдръпна водите.
нова земя ще направя.
Нови хора ще ходят по нея, ще пазят Закона ми.
Ти ще им кажеш това, което чу!"
И ангелът затвори Книгата на бъдещето.
И Бог ме грабна високо над Престола си.
Издигна ме на връх небесата,
над световете на световете.
Светлината стана огън.
Искрите се разхвърчаха из пространствата.
Бог махна с ръка и те се събраха в шепата му.
Бог хвърли искрите под нозете си.

83
Гласът му разлюля просторите.
И каза ми Бог:
„*Искам земята да стане нова земя
и нови хора да ходят по нея!*"
И водите спаднаха.
И небето се отдели от водите.
Планините се показаха.
И слънцето изгря.
Водите слязоха още по-надолу.
Прибраха се в моретата и океаните.
Полетата се разтвориха пред погледа ми.
Бог каза на ангела:

84
„*Доведи седемте души от праведните!*"
Ангелът ги доведе.
Застанаха душите на праведните
пред Светлината.
Поклониха се. Издигнаха ръцете си.
Радост и кротост излъчваха очите им.
Мир и любов струеха от лицата им.
И каза им Бог:
„*Отключих реката на времето.
Оттеглих водите.
Направих Нова земя и Ново небе.
Връщам ви в плът души на Светлината!*

85
Идете с този човек на Новата земя.
Спрете се на най-високия връх на планините.
Ще сторя да стане нощ.
Искрите, които хвърлих под нозете си,
превърнах на звезди.
Ще разсека Небето с ръката си.
Звездите ще се разсипят над земята.
Ще направя звездите на хора.
Ще им вдъхна живот от Духа си.
Вие ще ги поведете по Пътя.
Този човек ще открие Заповедите ми.
Аз ги написах за него в Книгата на бъдещето.

86
Той ще стане наставник на людите ми.
Дадох му слово в устата.
Дадох му стихове в душата.
Дадох му любов в сърцето.
Дадох му мисъл в главата.
Това, което ще чуете, следвайте денем и нощем,
да не се върне Гневът ми,
да не погине и тази земя, и това небе.
Слушайте думите му.
Не казвайте: „Кой му дава право
да говори от името на Бога?
Как си позволява да става наставник на людете?"

87
Аз отнемам, аз раздавам.
Аз казвам славеят да пее,
орелът да се вие над върховете,
мравката да събира зрънцата си,
калинката да разперва крилцата си.
Аз давам стихията на поета,
погледа на художника,
вълните в душата на музиканта.
Хората не могат да сторят нищо.
Не могат да отменят Волята ми,
да разрушат създаденото от мене,
да се намесват в Плановете ми.

88
Аз зная кому какво да дам
днес или утре, сутрин или вечер,
тук или там. Всичко е пред очите ми.
В семката виждам клоните на дървото,
плодовете на дървото
корените на дървото.
Аз давам водите – да не изсъхват,
листата да зеленеят,
плодовете да натежават.
Кой смее да се бърка в работите ми?
Това ви казвам аз, вашият Бог.
Това искам – и това ще стане!"

89
И дойдоха седем други ангели,
и държаха седем арфи в ръцете си,
и запяха седем песни на изпращане.
Седемте първи ангели ни поеха на крилата си.
Спуснахме се над Новата земя.
Спряхме се на най-високия връх на планините.
Слънцето угасна. Стана нощ. Небето се разсече.
Звездите се разсипаха над земята.
Заиграха пламъчета.
Луната тръгна по пътя си.
Музика обгърна небесните сфери.
Гласът на арфите галеше сърцата ни.

90
Седемте ангели ни оставиха.
Изгубиха се пламъците на крилата им в небесата.
Седемте души облечени в плът и светлина тръгнаха
по седемте посоки на земята.
Топло дихание обля лицето ми.
Една ръка се сложи на рамото ми.
Обърнах главата си видях ангела до мен
и чух гласа му: „*Ето ме.*
Оставам с теб по Пътя ти.
Любовта ми ще те пази.
Аз съм птицата
над вълните на дните ти!"

91
Затворих очи в прегръдката на ангела.
Виждах картината на Светлината.
Развеселяваха се горите.
Летяха птиците.
Зеленееха се полетата.
Синееха се планините.
Течеха реките.
Блееха агънцата.
Цялата земя пееше:
„**Пред Теб прекланяме се, Господи,
Славим Името Ти и Милостта Ти!
Ти отвори Извора на Живота!**"

1-2 август 1998 г.

МАКСИМ МАРИНОВ

Роден на 19.09.1964 г. в Михайловград, сега Монтана, в семейството на журналист и актриса. До 7-годишна възраст живее във Видин, след което семейството се мести в София. Пише стихове от дете и свири на пиано и китара. Завършва Френска гимназия и кандидатства в Софийския университет – философия. През 1983 г. с индивидуално място, отпуснато от министъра на просветата проф. Фол, заминава за Москва да следва в Московската консерватория – класическа китара. Няколко месеца след това изпада в нервен срив и се връща в България. След едногодишно лечение започва да преподава китара в две читалища. Продължава да свири и изнася няколко самостоятелни концерта към Концертна дирекция. През следващите години работи като компютърен оператор. Силната му чувствителност и болезненото възприемане на трудностите, с които се сблъсква, раждат няколко книги с поезия, носеща дълбоката мъдрост на живота по неземно изразеното просветление за болката и радостта. Прикован на легло няколко години, връхлетян от болести и страдания, наричащ себе си „каторжник", той живее в своя свят на чистота, светлина и мечти за всеобщо братство. Умира на 19 юли 2009 г. на 44 години от белодробна емболия.

За приятелите на Максим неговите идеи преминават отвъд границите на Времето. Така се изявява изконната традиция на Орфей – универсална философия, избликваща в мислещото сърце, за да бъде реализирана в индивидуалния живот; първозданни послания, получени от просветлена душа, търсеща постоянно смисъла на живота си. Тази съвременна поезия носи чиста чувствителност с дълбинни корени – съчетание на древно знание и на воля за живот в настоящето...

Отпечатани книги: *Бавна светлина* (1999 – на български и френски в колекцията „От Чистия Извор"); *Сянка от тъга* (2001); *Оттук до следващото слънце* (2003); *Восъчни криле* (2007).

*Боян Магът
худ. Лили Димкова*

Богомили

Вървим докато някой ни посрещне
за да превърже раните
които си нанасяме сами
Захвърляме последни дрехи
и пием чай от кисели треви

Дали си струва себе си да търсиш
когато си отрекъл всички
от жажда устните се пълнят с сълзи
преглъщат името на срички

Сражаваме се с вятърните мелници
от вятъра подпалените клади
и търсим във оставащите делници
самотни бедни наслади

С последните грошове правим подаяния
на лудите пред Божи гроб
Откърмени от майчински ридания
зачеваме забравен род

БАВНА СВЕТЛИНА

Предишно

Предишната душа е в мене
предишната трева
предишната земя погледнах
с очите на предишния хлапак
и на предишната ми сянка се облегнах
с предишните сълзи поплаках пак

* * *

Лежи пред мен убита змийска кожа
от лен торба съдрана с ножа
и пия лековитата отрова
очите ми в очите й се ровят

И падна дъжд насред Сахара
превръща я във пясък
плати змия за мойта изневяра
И тя се стрелва във небето с крясък

* * *

Сега по-всякога от вчера
и утре по-преди от днес
когато ще сме се изкъпали
ще сме вечеряли
тартано-вулканична смес

И вечерта
по-ниска от пустиня
легло по-тежко от нощта
вечерно вкиснати
от делничната тиня
ти ще ме вземеш
и ще ме изпиеш от дланта

* * *

Беснееше
когато падах срещу тебе
и плачеше след стотния въпрос
дояждахме вкуса ти хлебен
и след таксито тичах бос

И коленичих в леденaта зала
и кланях се в очите ти откос
невинността си беше ми отдала
и аз краката ти целувах бос

Пътешествие

Когато пътувах из морското синьо
нарамих на гърба си щипка сол
Когато стигнах лунната пустиня
открих че съм останал гол

Във слънчевото водно се изгубих
оставих на светците нещо за из път
и слязох на земята и отново любих
и плаках както всеки път

Безбожна молитва

Безбожие вятър и сини очи
проклети по род проклети по ген
когато говоря циникът мълчи
когато ги псувам се кръстят във мен

Безбожие вятър и синя земя
проклети и в гроба и в ада дори
желязо в ченето изгризва съня
мъглата и смогът не струват пари

Безбожие вятър и сини очи
проклети по род проклети по ген
законът на джунглата тъпо гласи
„Люби ме или се наяж със мен"

* * *
Отнякъде идва нечуващо слабо
една луна подгизнала от прах
отнякъде ръкавица обкована с кабари
и никому никакъв грях

Отнякъде носи водичка във шепи
от другаде хлебец и страх
отнякъде нечии нощи нелепи
и никому никакъв грях

Отнякъде сух пътеводен бръшлянец
оттук-таме звуци на Бах
и писък на ручей и ланец
и никому никакъв грях

Само един бял лист

Нямам Господ
нито светец
нямам пътища храмове
нямам ненужен талант
Моите сиви маршрути
са отъпкани от игла до конец

Нямам идол нито кумир
не съм мормон
не съм протестант
нямам златния бивол
може би съм станал вампир

Нямам от себе си полза
нито вреда
Нямам жена нямам години
сигурно нямам майка и баща
Имам само един бял лист

Пчели

Защо да хитроумничим
когато всичко е известно
Защо да спираме
в гнева на босите пчели
Налудничави диви интереси

Защо се питаме
дали ще грее или ще вали
когато също е известно
че сме настъпани във мед пчели
Или така ще е по-лесно

Защо – или защото ще умрем –
ни трябва още блудкава схоластика
две-три ужилвания в повече на ден
ще ни превърнат
в малка стъклопластика

Защо отричаме
че както сме били
така ще бъдем
без да плачем
като жестоките пчели
сами на себе си палачи

Мантра на нин-джа

От всички посоки е изгрев
и ние с памука шептим ти
очи да погалиш целувка да близнеш
Мантра на нин-джа
мантра на Шинти

Когато по залез поседнеш
и тихо в памука приспим те
косите с колан да запретнеш –
мантра на нин-джа
мантра на Шинти

И младо момиче не бързай
когато в съня уловим те
а леко косите развързвай –
мантра на нин-джа
мантра на Шинти

И с шепи вода ще налеем
когато свещта угасим ти
и тихо памук ще посеем
мантра на нин-джа
мантра на Шинти

* * *

Кой спря неведомия слух
и неговия саморасъл в думи смисъл
и ако на вратата е потропал моят дух
той знае кой кому е писал

Неземна нощ морета и пустини
и в лотоса сега заспива някой друг
звездите капят
небето е пурпурно синьо
а вместо мене там ще скита друг

Оттук до следващото слънце

Ще сляза на земята със совалка
ще разговарям делово с Христос
и Мохамед и Моисей
ще любя моята русалка
ще пия вино панта рей

Отново ще остана да сънувам
оставил в тебе земно зрънце
отново пак ще пропътувам
оттук до следващото слънце

* * *

Да видиш лед
във медната сериозност
със сълзи да спояваш слитъци от мед
да бъдеш сам
е тъй идиотски невъзможно
избягал в цъфналия лед

Да бъдеш философ да знаеш суахили
да спреш дъгата в цъфналия лед
от восък да направиш пожълтял папирус
сълзите да спояват слитъци от мед

Душа

Навън е пороят
в стаята са сълзите
но в душата остава неизменен покой
нощта е кратка угасват звездите
а луната скептично мълчи
срещу вълчия вой

Пред тревогите отминават
вражите клетви
клетви за обич клетви-лъжи
една неспокойна душа
ще се жертва
за покоя на всички души

Безбожник

Прости велики Боже
затова че пожелах да съм обикновен
един стар забравен каторжник
прости за малкия ми ден

Прости за това че не повярвах
че съм месия богаташ и великан
прости
за цялата трансцендентална гавра
прости за мините на марсианския уран

Прости о Боже на тълпата
затова че не успя да ме направиш друг
но аз съм вълк а не свиня брадата
дори без тебе няма да съм чук

Молитва за вълк

Да видиш себе си като вълк
това е същото
като да видиш
другите като овце

Прости вълка
о Боже
задето не се е родил овца
Боже, пастирю на вълците
благослови вълка
да бъде вечно споменуван
от всички овце
Амин

* * *

... Ще бъде есенно
ще бъде звучно
ще бъде винаги където сме

ще бъде ако ще е наше
а ние ще сме това
което никога не е
освободените затворнически духове

* * *

Материя думи игра
любовта на плътта си отива
не от мен от света
младостта си отива щастлива

Към свойта мисия отива
човекът на новия ред
младостта си отива щастлива
нещата се сменят поред

* * *

Над фалшивия герб
на почтеното братство
ще издигнем флаг
от риза на жена
и на него ще има
компютърен надпис
Светлина повече светлина

Молитвица на куче

Приех те като дума моя
молитвице на куче
приех те за дъга в пороя
за глътка от бистрия ручей

А ти ми каза
Бог е някой
любовта който пази
а любовта е
къшей кучешка храна

Зимен клас

Долу там някъде
където е тихо
блуждаеше някакъв тих ешелон
дърпаше ремъка тихичко стенеше
сподирян от прегърбения кон
долу там някъде
където е сутрин
тихичко плачеше сутринта
А горе на облак облегнат
броеше овците сънят
долу там някъде
почти като мене
почти като нас
дърпаше ремъка
тихичко стенеше
разцъфнал в снега
житният клас

* * *

Смъртта не е по-дълга от живота
Нима не всеки иска да е друг
Приспан в усмивката
на своята желязна роза

* * *
Когато се вглеждам в тъмнината
виждам в себе си
златисто-неземния
нарцис
неземно бял по-бял от смъртта
по-бял от снега
по-бял от душата
И се връщам в неземното рождено
по-преди от снега
по-преди от смъртта
по-преди от душата

Лунната богиня

Разцъфна каменното цвете
на моята езическа луна
и лунната богиня ронеше сълзи
Поставих мойта маска
върху лицето на лунния сфинкс
и лунната богиня
се усмихваше отново

На Лорка

В слънцето
над андалузките табори
аз чувствам сушата на моя ад
бездомни кучета настигат ни
и скоро
се връща споменът
за обетования град

И нека таборът е моята награда
за всичките преброждени
и непреброждени земи
с мойта Пепеляшка
винена наслада
ще тръгнем по пътеките
на наш`те старини

Печална зима
(откъси)

И сам войникът е войник
и сам във своята печална зима
и сам вълкът е вълк
за вълците за хората
за кучетата на войната
за водораслите около корабния жлеб
И девствени са още косите на морето
запазени от лапите на чакащия вълк
и мамеща е вълчата корона
и есенно е вълчето море

...За воина морето е каторга
а за вълка каторга е дъжда
естествено морската пролет
подарява на врабчетата снега
дъждовно лято суха пролет
врабчетата прелитат на юг
вълкът ги чака в своята каторга

Красиво е на залез откъм хоризонта
и по войнишки строго слънце
изгрява и залязва без да пита никой
дали е свършила войната със снега
никого няма никой не идва

ни господ, ни маймуна, ни светец
Познавам печалната зима
аз съм замръзнал врабец
...Пътувам в синята пустиня
събрала в себе си море и сняг
крилата ми и човката ще ме захвърлят
на бой срещу невидимия студ
Но аз съм тук не си отидох
подкупих зимата с монети от сълзи
а океаните ми подариха минало
един конквистадор ще отпътува там...

Бавна светлина
(откъси)

Аом това е живота
който не е напълно жив
и затова ражда
Аом това е смъртта
която не е напълно мъртва
и затова не убива
Усилие и сладост признание и клевета
наречени на име на дете

...

Животът и смъртта се правят веднъж

...

Винаги верно – никога истина
винаги грешно – никога грях
Лъжата не е напълно лъжа
лъжата не лъже истината

Мъдростта не носи послание
Посланието носи светлината
Светлината отпреди – по-бавна
от никоя тъмнина
по-бърза от мрака
бавната светлина не стои в клетка

Маймуната е глупава
защото иска да улови
бавната светлина
Затова маймуната стои в клетка
а светлината се носи навън
От никой и някой взела очи
от нищо и нещо – душа
от най-лошото и най-доброто – плът
от най-старото
и най-младото на Земята
пие вода
от най-силното и най-слабото
взема съня
от най-нужното и най-ненужното
взема ръце

Най-умният е най-глупав
защото цени ръцете си
повече от светлината
Този който цени ръцете си
цени едно или нищо
този който цени всичко
не цени никого
този който вижда ръцете си
вижда всичко
Този който казва едно казва всичко

Този който говори на всички
казва едно

И тогава Дойде и Каза Така:
Кой иска тези ничии думи
На кого свети това ничие слънце –
на клетката или на маймуната
Кой ходи по ничия земя –
птицата или ловеца
И светлината и мрака
това си само ти
който не иска думите иска съня
Това е Аом

Гарвани

Летят и грачат
гарвани летят летят
по странен начин
като че тъкат
Тъй ниско ниско –
почти вървят
и не искат не искат да спрат
Кръжат безцелно
разминават се кръжат
за никъде летят
И става ясно ясно безпределно
че само ако паднат ще се спрат
И ще мълчат
и ще мълчат

* * *

Взимам парче от тъмнината
и казвам
това е моят нарцис
тъмен черен увяхнал
и с мирис на плесен
някога той беше
хилядолистния
лотос

Това което не е игра

Преди когато небето и земята
били са две сърца в космическа мъгла
човекът – плът и дух – е паднал
и е изгубил своите крила

Заселил се е на земята
и срещнал своята жена
дошла от опакото на луната
със жълтата й и лукава светлина

Тогава Сатаната им довел детето
което се родило мъж
след него се родила – ето
сестра му в първия пороен дъжд

Тогава от Египет и Шумер
дошли зелени богове
и дали на децата думи
лица и земни грехове...

... Доверието ми за доверието струва
не ме лъжи за да не лъжа аз
а моята любов любов ще струва
не крий от мен за да не крия аз

Душата не е в мойто тяло
а тялото на моята душа съм аз
духът е в другото ми тяло
а мойте две природи са без глас

И бог и дявол в стария папирус
добро и зло са само думи две
Земята пътува към Сириус
а между тях совалката снове

Ни дух ни тяло не е мойта същност
и моят аз не е във мен
какво ли е живота всъщност
ако не мислим че сме в плен...

Война

Едно детенце
вън пред калната изповедалня
момиченце
не проси и не пее
Щурче в бездомната война
дори да плаче не умее
едно детенце
от войната
момиченце
в сакото под иконата ще скрия

Отмъщението на Марс

Забий
пирона от олово
на голо
във кървавата длан
и ако Бог е слово
то нека бъде
вечно прикован

* * *

Магия Мистиката на дъжда
във моя мрак една жена се лута
Дали магията
е жаждата за дъжд

Дъжда разлива в мрака
стъпки на магия
Познах по тези стъпки
малката жена

* * *

Блажено създадена чудноватост
на космически шепот
Никой ваятел не познава
никой
само звездното ехо

Блян за грейнали очи
времето отскача
в светлинен растеж
стаените пулсиращи лъчи
хвърлят в ръцете
каменен меч

Разсичат с него сенките
ризница от прах
и никне в метеори семето
на цвете
лекуващо страх

Предишно – II

Предишната роса е в мене
предишната гора
С предишната роса поплаках
с очите на предишната сърна
И на предишната поляна
пак поседнах
и пих предишната роса
във мене само не намерих
предишната душа

ПОСЛЕДНИ СТИХОВЕ

* * *

Морално извратен и християнски подъл,
светът ме е презрял.
Оттук заварен, другаде съм родом,
поглъщам прах, сълзи, печал.

Сложи за мене, Господи, отметка,
че някой стигна до брега.
Нахлузих пак затворническата жилетка,
китарата отмерваше дъжда.

* * *

Крайъгълно тихо, студено и сухо
неоправданото време ни пита с очи
дали да запеем, макар че сме глухи,
а ние ...ние просто мълчим.

* * *

Два конопени стръка ще подаря,
две лютиви вина ще отпия,
две сърни ще уловя,
и ще любя две луни-близначки.
Две черджета ще простра
аз пред две врати,
двама скитника ще нагостя,
ще запаля две свещи,
две реки ще прекося,
ще доплувам до два бряга.
Ще издялам две колиби,
ще разпаша два колана,
ще целуна две очи за лягане...

МАРТА САВОВА (1940-2005)

За Марта...

Марта е родена в. Пловдив, в семейството на възпитаници на Френския колеж. През 1963 г. завършва френска филология в СУ „Климент Охридски". Работи като преподавател в градовете Калофер и Съединение до 1971 година, когато започва преподавателската си дейност в Софийския университет.

След 1977 г. излизат в неин превод книгите:

– *Слово и символ. Из есеистиката на европейския символизъм* (част от сборника), 1979.

– *Традиция, литература, действителност: проблеми на старогръцката литература в световното литературознание* (част от сборника), 1984.

– *Принцеса дьо Клев* от Мари Мадлен дьо Лафайет, 1985.

– *Любов към всяко начало* от Жан-Бертран Понталис, 1992.

Нейни преводи на научни статии са излизали редовно в сп. „Литературна мисъл" и в бюлетините на Съюза на българските писатели.

Публикувани научни и обзорни статии:

– Обзорна статия върху сп. *Poétique*, Париж, 28/1976. – „Литературна мисъл", кн. 6, 1977, 117-120.

– Обзорна статия върху сп. *Poétique*, Париж, 29/1977 – за книгата на Жерар Жьонет „*Фигури III*" /1972/, принос в наратологията (науката за повествованието). – „Литературна мисъл", кн. 8, 1979, 151-156.

– Рецензия за книгите на Цветан Тодоров „*Теории на символа*" (Théories du symbole, 1977) и „*Символизъм и тълкува-*

ние" (Symbolisme et interprétation, 1978). – „Литературна мисъл", кн. 5, 1980, 159-165.

– Обзорна статия върху *Poétique, 1979, n° 37, 38, 40* – *Литературната мисъл в съвременна Франция* от Цветан Тодоров. – „Литературна мисъл", кн. 8, 1981, 143-146.

– *За някои особености на научния текст*, сп. „Руски и западни езици", кн. 5, 1981.

– Рецензия за книгата на Жерар Жьонет „*Въведение в архитекста*". – „Литературна мисъл", кн. 3, 1982

– *Текст и полупряка реч.* – „Филология", 12-13, 1983.

– *Към въпроса за модалната връзка при полупряката реч*, статия в сб. „Юбилейна сесия на ФКНФ", 1985.

– *Диалог, текст и прочит (екзистенциални и литературни измерения).* – Пловдивски университет „Паисий Хилендарски", научни трудове, том 35, кн. 1, 1997, Филологии.

– *За едно свидетелство за Първата Балканска война – „три месеца с военна болница на Балканите" – Пловдив по пътя към модерния свят*. Изд. на Истор. музей, Пловдив, и Пловдивския университет „П. Хилендарски", 1998.

– *Sur Lubomir Guentchev, sa vie et son œuvre*. In : Etudes francophones, tome XVI, n. 1, 2001.

Марта остави кървяща рана и нестихваща болка в сърцата ни. Мой дълг е издаването на тази малка стихосбирка – дано бъде щрих към спомените за нея.

Таня Савова

* * *
Ти си мъничка свещ във ръцете ми
Дъжд вали
Аз те пазя от него
Как искам да бъда част от това шествие
Което носи
Пламъка

28 април 1967, Пловдив

* * *
Да си призная
Не очаквах
Очите ти
Така да ме омаят –
Към тебе
Да ме приковат...
Трябва да прикрия –
Това в тайна
Да увия
За да не видиш
Болката и радостта ми...
Да те забравя
Да убия порива
Терзанието...
Глаголът „трябва"
Съществува...
Една любов
Която ме убива
И гради...

17 декември 1968, Пловдив

ЕЗЕРОТО

Страхувам се
За тез момчета
И момичета
На 17, 18 и 19 –
Те, които имат
Късчета желязо
В гръдта си.
Отрано невярващи
В доброто, любовта
Ни в творбата,
Прозрели пружините
Между човеците.
За тях боли ме –
За тез очи, които
Не се затрогват
От красотата,
Остават чужди
На топлината
На ласката
Без сладостта
Да бъдеш другия
Да даваш и съграждаш
За другиго.
Жал ми е
За тези непукисти
С очи, в които
Езеро безмълвно

Се простира.
Защо са те осъдени?
Защо убита е
Човешката им
Красота и простота?
Кой ще отговаря
За очите им
Нестоплени?
Кой?!...

7 декември 1968, Пловдив

РАЗМИСЪЛ

Не, не е истина!
Не е истина,
Че се обичаме!
Не е вярно,
Че съм щастлива,
Когато те обичам
И устните ми
Парят от желание,
А не мога
Да те притежавам!
Нима някой
Може някого
Да притежава ?!

Не, не можем
Да се обичаме:
Приели
Условностите,
Фалша и лъжата.
Можем само
Да се стремим
Един към друг,
Без да се постигнем,
Оплетени в лицемерие.
А сутрин –
Раз – стани,

Два – гимнастика,
Три – закуска,
Четири – автобуса
И на работа...
И всеки ден
Мъкнем и
Износваме живота си
На гръб.
А нощем
Очите ни отворени
Питат и събарят
Лъжата градена
През деня.
Кому е нужно?
Свредела ужасен
На съмнението
Удавяме
В цигарен дим,
Алкохол, опиянението
На плътта
И творческото сладострастие.
Кой както може...
Денят възкръснал,
Надява всеки пак
Удобната си
Благонравна маска...

7 декември 1968, Пловдив

ДВАНАЙСЕТИ ДОМ

Нашите чувства бяха свръхопънати струни
Или може би само моите

Нашите чувства бяха бездомни кучета
Или може би само моите

Те издаваха звън подобен
И търсеха приют едно у друго

Звънът не съзвуча със звъна
И кучетата останаха бездомни

Няма дом ни съзвучие
В дома на злото...

Аз бях пленница там
А ти? Палач или спасител?

* * *
Срещи – раздели
Не разбиране
Не докосване
В дванайсети дом
Защото
Не щастие
А нищожност
Не честитост
А нечестност
Живеят
В дома на злото

* * *

Планината е гълъбова
Небето е нежновиолетово
Вечерната болка е в мен

Планината е виолетова
Небето е нежногълъбово
Разгръщам бавно страници

Планината е черна
Небето е черно
Разгръщам страниците на болката

Планината е розова
Небето е нежнорозово
Затварям бавно книгата
Достатъчно е за тази нощ

1970

* * *

По Анна Ахматова

Късно. Нощ.
Светлини зад пердета.
Тясна улица. Пълен покой.
Аз вървя.
Звук от токчета кратък.
По коя улица сега върви той?

юни 1971, Пловдив

* * *

Ако ти съществуваш
Къде си
Ако ти съществуваш
Ела
Ако времето не е свършило
Де е то
Ако времето не е свършило
То е в теб
Ела
И ще бъде начало във времето
И ще бъдем в началото и във времето
Ела

7 юни 1971, Пловдив

* * *

Нощ. Храм сред парка –
ти и аз – ръка в ръка.
И не знаех тогава, че тепърва
ще изричам нежни слова.

Сега знам. Но вратата
не отвръща на моя сигнал.
Край стените мрак поглъща
силуета ми избледнял.

октомври 1972, София

* * *

Твоите устни бяха топло дихание,
моите – каменен къс.
За мен този миг бе страдание,
в него виждах съдбовния пръст.

Ако дойда отново, ще събудя ли пламъка,
който нося във вечерния час?
Да превърнеш с ръце в жива плът камъка –
това ще бъде ли в твоя власт?

октомври 1972, София

* * *

Нощ! Бъди една бисерна мида,
сътвори бисер от твойта тъма,
сътвори думи от твойто мълчание,
и ще бъда по-малко сама.

Нощ! Бъди майка на слово.
Освободи ме от тъмния плен.
Освободи окования порив,
ще повярвам, че след теб идва ден.

14 октомври 1972, София

* * *
Вечерният час ми носи самота
и страдание.
Небе, дай ми мъничко
мъжество,
за да се родят плодове
в това мълчание.

ноември 1972, София

ЛИЧНИ МЕСТОИМЕНИЯ – I

Ти
и
аз
Аз
и
ти
Теб
На теб
Със теб
Без теб
Всичко това отлетя
Аз съм с мойта самота
С нея
която е
тя

* * *
Вечер тиха и студена...
Пак сама съм аз на път.
Зад прозорци осветени
силуетите кръжат...

Зад прозорец някой, зная,
ти кръжиш края нея пак –
тя е твоят свят омаен
в ласкавия полумрак.

Аз кръжа във самотата...
Зная, не е вечна тя.
Болка сепва в миг душата ми:
не бе вечна любовта...

В мислите ми рой въпроси
мрачно се тълпят.
И душата болка носи –
чужд ми е градът...

Може би съм тъй различна –
пак започвам самосъд.
Истината моя лична
как да спастря в своя път?

Бял мой лист, ти знаеш тайната
на тази самота.
Стъпките ми тъжни и безкрайни
Приютяваш с доброта...

13 ноември 1972, София

* * *

На Саша и Красимир

В този празничен ден, в тази нощ,
мои мили, мои вечни приятели,
подарявам ви тези прости слова.
Вий усмивката моя детска ще чакате.
Прочетете, все пак, първом това.

Ще се смея, разбира се –
след сълзите усмивки ще има,
и ще бъдем пак заедно
след самотния тягостен ден.
И лицето още без бръчки е,
някой би могъл да го назове
любимо,
някого бих могла да очаквам...
Нежност блика още у мен.

Дни добри или лоши ще потъват
в безкрая.
Но сред тях аз ще очаквам един,
в който бих могла да кажа
що зная,
що обичам, що мразя
без страх.
И лицето си на света да покажа
без грим.

Вие знайте ли това лице,
мои мили, мои вечни приятели?
Зад усмивката детска
въпросителни дръзки стоят.
Защо в този свят
са все още малко слънцата
и защо са тъмни пътеките,
които водят отвъд,
и защо затворени си остават сърцата,
и защо сме сами по поетия път.

Да, светът е прекрасен.
В него има, знам, вяра за идния ден,
но кажете ми, вие, които я носите,
вие, които и с нея дарявате мен –
не от вчера познавам тази игра...

Ако не потърся отговор на въпросите,
за какво в този свят ще умра?

декември 1972, София

* * *

Невероятна тъга
Невероятен зов
Невероятен си ти
И невероятна любов
Ме очаква със теб
В невероятни дни
В невероятни страни

И там
Невероятни слънца
Ще слеят наш`те сърца
Невероятно жадни
В невероятна любов...
Невероятна съм аз
И невероятния зов
Е тъга невероятна

декември 1972, София

* * *
Не зная как да те
Открия
Нито как да те
Зова
Но зная че ще те
Позная
През лутанията
През болката

Ръка протегнала
Към теб вървя
Потръпвам
От
      Хлада на
      Очакването
      И на самотата
      Да дойда искам
      До победен край
      Съюзена с радостта
      И горчивината

* * *
Отказах се от любовта си
И чакам награда сега
Но наградата е болка ужасна
И в ада може би не боли така

Тогава защо се отказах
И какво ще получа в замяна
Вечността на небесното царство
Или някоя друга измама

Имах мъки преди –
И мигове сред тях вълшебни
Всички те до един
Са мигове на мъчение

И протягам ръка
Към хартията снежно бяла
Тя е може би вечността
Тя е с болката кратка раздяла

И слова леко се нижат
Под перото ми миг след миг
Вдъхвам пълна глътка въздух
В мен се ражда свободния вик

Но ако сега ти застанеш до мен
И на гърдите ти силни
Ако можех да положа глава –
За това благо на земното царство –
Бих задушила в мен всички слова

Бих мълчала и в мълчание
Бих казала всичко –
Болка вечност порив чист
Бих те любила до насита
Бих ръзкъсала белия лист

януари 1973, Пловдив

СТИХОВЕ ЗА ЕДНА ДЪЛГА РАЗДЯЛА

1.
Разделите почват понякога
Преди да са станали срещите...

2.

Нощни улици
Над
      които
           бавно
                 се спуска
                      мъгла

Силуети забързани тук и там
Светлини помътнели
Остър вой на кола
      бодва
          тъмния град
Аз вървя...

Зная всичко за този свят

ноември 1973, София

* * *
И след теб
Върху белия лист на живота
Ще остане единия зов
Твойто име – изписано кратко
И любов
И любов
И любов...

1974, София

УСТАНОВЯВАНЕ НА САМОЛИЧНОСТТА

Това
Което лежи във гърдите ми –
Зов на живота
Или зов на смъртта –
Познавам го от толкова много вечери –
То е болест някаква по света

Ето аз не съм този нежен ябълков цвят
Който слънцето ласкаво милва
Аз не съм тази спокойна отпусната нива
Дето някой е засял своя злак

Аз не съм
        аз не съм
                аз не съм всичко това –

Аз съм тази която очаква да бъде обичана
И тази която трябва да разбере
На какво този зов я обрича
И дали утре няма да спре

Аз съм тази която трябва да отговори
На този въпрос –
И ръката ми по белия лист тича
С молива прост

април 1974, Тихия кът

* * *

Душата ми е прозрачен детски балон
И леко плува над земята
Една ръка държи връвта му –
И не го изпуска ...ръката.

Ако можеше само за миг
Връвта да се изплъзне
Той би потеглил нагоре с вик
И може би ще се пръсне...

Но той не мисли за това сега
Че знае – минутите са броени...
И завижда на птиците
Из синьото залюлени

И си плува самотен
В свойта балонска драма.
Край него минават достойно
Балони – по трима по двама...

20 април 1974, Тихия кът

* * *

Обичаш ли гората
Помниш ли как във нея
Лъчите през дървесата
Като потоци се леят

Как като светли веери
Нежно докосват тревата
Как приличат на колонада
Зад мраморно преддверие

Днес преминах отново –
Мрак зад листата наднича
И на стопено олово
Въздухът ми прилича

Но не се отказвай да дойдеш
Ела там във неделя
Ако двамата я прекосим
Лъчите ще ни облеят

Ще ги ловим с ръцете
Макар те да са безплътни
После аз ще те целуна
А ти ще ми подариш цвете

20 април 1974, Тихия кът

* * *

Ти не дойде и днес отново
Звънецът дваж не прозвъня
Небето бавно потъмня
В мен някъде протича слово

Да, в мен някъде боли
В мен някъде е тъй самотно
Жълт лунен диск огря живота
А знаех всичко това, нали ?

юни 1974, София

* * *

Тоя отговор не очаквах
Виждах вече онова небе
И под него нашите крачки
Отмерени в една по две

Бях отишла много далече
Бях поела път след звезда
И няма да се срещнат вече
Тоя път с оная мечта

31 октомври 1974, София

* * *

Старият бележник е на мойта маса –
Двайсетгодишна в него съм аз
Любов невъзможна
Любов абсолютна
Пак съм изцяло в твоята власт...

Поставям бавно дълга черта
Защо, глупачко, толкова чака

А под чертата... – Поглеждам вън
Навън е юли – навън е лято
Но есенно сиво е днес небето
И под чертата... – отново зов...
Моя мъчителко моя стара любов –
Ти пак си в мен но до мен те няма
Кажи – истина ли си или пак измама –
Лятото минава – и на стената
Сянката изяжда слънчевия лъч
Дъжд ръси капки по стъклата...
В съседна стая свършва песента...
Кажи – какво да правя в есента

юли – октомври 1974

* * *

Аз зная че сега се боиш
Моят порив събужда страх
Това става приятелю
При постоянното горене
Безпокои ме само едно –
Твоите страхове излишни

Когато разбереш
Колко един за друг
              Сме били
Пътищата ни ще са разделени

* * *

Червени думи на листа бял
Моят повик към тебе
Ти не отговаряш – печал
От зениците ми ще гледа

Когато някой ден минеш край мен
Гордо извърнат или наведен и тих
Все едно – ти живя в моите видения
И аз ще те изживея в стих

14 декември 1974, София

* * *

Живея на осем квадрата
Даже не на осемдесет
И се мъча с душата си
Да внеса света

Но понякога той е в това –
Стол, маса, легло, гардероб
Дали имам нужда от повече –
Не ще го имам до гроб

1975, София

* * *

Разпъната в пространството
И лека, безконтурна –
Летя над мъдри редове от думи
Над знаци пълни с мъдрост и наука

А нежни, нелитературни
Витаят парите на любовта

1975, София

* * *
Между ъглите на душата ми
Са опънати нишки
Или струни – не зная
И ъглите са сигурно много
Защото нишките да преброя
Не мога...

* * *
Коси по момчешки встрани
И детски овал
Щом моят смях прозвъни
В тях ляга печал
И главата се скланя встрани
В тих ритуал
Но когато часът отзвъни
В следобеда бял
Виждам – две огромни две тъмни вълни
И в скута им – сал

29 април 1975, София

ЛИЧНИ МЕСТОИМЕНИЯ – II

Аз
не успях да достигна
до теб
Ти
остави да минат години
години
Ти и аз
не станахме НИЕ...
Ние
не е
ти и аз
Ние е разделено –
ние сме разделени

Ти
във теб
Аз
във мен
Ден
след
ден
    ден
    след
    ден

* * *
Май е най-чудният месец –
зелено, дървета, птици, цветя.
Месец на Майя и Ицо, месец
меден и плоден
ден на нашата, на вашата...
Ден на радостта.
Май, светло слънце сияй
и дъждове се леят
Май, Майя, Христо, зелено, цветя
Май ден девети – победи и
венци се вият през май
За радост – ваша и моя
За любовта
9 май 1975

СВАТБАТА НА МАЙЯ И ИЦО

Рокля дълга
Ефирен воал
Нагоре по стълбата
За свят ритуал
Шествие извива
Нагоре по стълбата
Крача и аз
Засмяна, щастлива.
...За да поема нечия ръка
Височини трябва да извървя...

май 1975, София

* * *

Ще се срещнем пак с Вас в коридора.
Аз изгарям...
Вие може би също горите –
не познавам Вашия *елемент*.
„Добър вечер!" – „Добър вечер!"
И в очите Ви – насмешливост
над профил надменен и ...вдъхновен.

До вчера аз бях пълна с въпроси.
Днес разбирам този закон –
ще играем, приятелю тъмнокоси,
не излизайки от добрия тон.

Великолепно – полупризнания леки,
полудързости, полуостри слова,
усмивки, галантност и полусмут...
И жадуваща пълнота гръд...
Може би...
Може би...
Не мога да знам – и не знам
истина или не е това.
И съюзът сърдечен едва ли
е предопределен нам...

И остава играта – след всички въпроси...
Вие разбирате този закон.
Ще играем, приятелю тъмнокоси...
Ние сме противници – *Attention* !

ноември 1975

* * *

От праг до праг
От бряг до бряг
Са те
И в тях
Ти можеш да намериш своя

В мен няма праг
В мен няма бряг
Ти си
Във мен
Като в безбрежието на безкрая

Ти няма да останеш...
Зная...

25 юни 1978, София

Университетски преподавател

На 24 ноември 2005 г. се разделихме с Марта Савова, чийто живот от 1971 г. е свързан със Софийския Университет и Факултета по класически и нови филологии, преди всичко с катедрата по Западни езици, а до създаването й през 1976 г., с някогашната катедра по Романска филология. Марта Савова беше отличен познавач на френски език в различните му регистри, на френската история, култура и литература. Тя беше и голям поклонник на хубавия и богат български език, на българската история, култура и литература, с безспорна ерудиция и в двете области. И тъкмо затова преводите, които остави, са толкова брилянтни... Научните й интереси бяха в областта на текстовата лингвистика, на сравнителната стилистика, прагматиката и семиотиката, по-точно речевите актове и дискурсивния анализ. Свързани са с теорията на аргументацията на *Дюкро* и са ориентирани към особеностите на художествения и научния текст, на езика на литературната теория и критика, както и към проблемите на специализирания текст. Съавтор е на граматика и на учебни помагала.

Като преподавател Марта Савова оставяше трайни следи у студентите както с личното си обаяние, така и с независимия си, критичен и неспокоен дух.

През последните години тя посвети много време и сили, за да подготви за печат и представи пред френската читателска публика великолепни преводи на творби на български поети от края на XIX и началото на XX век, направени от Любомир Генчев – някогашен възпитаник на Пловдивския френски колеж, а след това и преподавател в него до закриването му, неизвестен на обществеността и прекарал съвсем скромно живота си в Пловдив, където е и угаснал в самота и забвение. Три тома от неговите преводи вече са издадени във Франция под името „Антология на българската поезия".

Александра Манчева

За смисъла на истинското приятелство...

Марта беше сред най-близките ми приятелки по време на следването ни (1958-1963). После се видяхме само няколко пъти случайно около Софийския университет, но разговорите помня и до днес. Марта бе кротка и спокойна, вглъбена и мъдра, възприемаше реалностите философски, познаваше дълбочината на приятелството и ценеше всеки порив у другия човек. Именно затова тя в своите преводи и научни публикации подчертава ролята на **диалога** – между отделните индивиди, но особено между Изтока и Запада.

За диалога между Изтока и Запада тя има и свой личен дял: запознаваше периодично българската творческа интелигенция със събития и явления от литературния живот във Франция... Ала нейният основен принос е откриването за френската и европейска културна общественост на **Любомир Генчев** (1907-1981) и осигуряване издаването в негов авторски превод на френски език на творби от класици на българската поезия, както и на оригиналното му поетическо творчество на френски език.

Любомир Генчев е първият френскоезичен писател и поет в България. Роден в Пазарджик, четвърто дете в семейство с пет деца, учи във френския католически колеж „Св. Августин" в Пловдив (1922-1928 г.). Заради изключително високата си надареност получава стипендия от колежа за тригодишно обучение по педагогика във Варна, където след това става учител по френски език в колежа „Св. Мишел". От 1933 до 1948 г. преподава френски в колежа „Св. Августин" в Пловдив. Там започва да пише стихове и като музикант свири в оркестъра на колежа. Изживява силна и красива любов с Валентина Гичева, която умира при операция през 1946 година. На нея са посветени много от неговите оригинални творби на френски – символистичната драма *Неразделни*, много сонети и елегии. След закриването на колежа работи пет години като преводач в общината, но по време на репресиите срещу бъл-

211

гарското католическо духовенство бива уволнен за това, че е завършил и работил в този колеж и „разпространява западна култура" чрез творбите на световно известни поети, като Ламартин, Верлен, Бодлер, Албер Самен... За този отдаден на музиката и поезията нежен и изящен човек започва период на мъчително заточение в родината. Няма право да публикува на български и да има контакти с чужбина. Спасителен остров за него става поезията – личното му творчество на български (четири пиеси, пет сборника със сонети, два сборника посветени на Ламартин и на Франция, есе върху поезията и други творби и изследвания) и на френски (тетрадка с около сто сатирични сонета, сборник, посветен на Гьоте, проучвания върху сонетната форма, върху френското стихосложение и върху приема на Гьоте във Франция) и особено авторският превод на български и руски поети-символисти (самият той е много критичен към преводите си и ги нарича „*адаптации*" или „*медитации по*...", като представянето на руските поети прави по преводи на техни произведения на български, както сам твърди, без да ползва оригиналите). Превежда също на български език редица творби от френски, немски и белгийски поети.

На 17 октомври 1973 г., по донос, служители от ДС правят обиск в дома му и конфискуват всички негови ръкописи. Години след това варварско насилие, този човек с крехко физическо здраве, с нежна душа и несломим просветлен дух споделя: „*Примирих се, но не се обезкуражих. Скоро се свъзех и малко по малко, постепенно, възстанових почти цялото си съкровище, което ми отнеха... Успях да направя сборниците си в по-ясен избистрен вид, дообработени и представени на по-висше ниво като съдържание и форма... Това беше съвсем безразсъдна дързост от моя страна, поради риска от повторен обиск, но особено поради опасност да загубя окончателно доста отслабналото си зрение с работа при такива тежки непоносими условия... Спомних си поговорката „всяко зло за добро". Кой знае? Може би без този трагичен случай щях да си остана там, където бях преди това...*

Любомир Генчев умира през август 1981 г. в пълно забвение и веднага при обиск новите му ръкописи биват иззети, а сатиричните му сонети на френски – унищожени. През 1999 г. неговата племенница Христинка Генчева (медицинска сестра, починала през 2007 г.) открива една част от неговите ръкописи. За щастие от сатиричните му сонети едно-единствено копие било включено с невинното заглавие **Разни сонети** в тетрадка с други изследвания върху поезията и сонетната форма, а през 2001 г. в архивите на ДС Христинка и Марта откриват и останалите му оригинални и преводни творби). В продължение на три години, постепенно, Марта подготвя и предава общо 65 тетрадки на проф. Ален Вуймен от университета в Артоа.

„Френските специалисти толкова много харесват ръкописите, че решават моментално да докажат, че франкофонията в България не съществува само на хартия, а че френският език е служел за съпротива на някои българи срещу тоталитарното скудоумие. ...Благодарение на Любомир Генчев найпосле имаме публикувани преводи, и то във Франция, а не в България, на поети като Константин Величков, Яворов, Лилиев, Теодор Траянов..." (Атанас Попов, Париж)

Досега са излезли седем тома в издателствата *Rafael de Surtis-Editinter* и *Cordes-sur-Ciel – Paris* под редакцията на проф. *Alain Vuillemin* и със съдействието на *Румяна Станчева*:

– **Anthologie de poètes bulgares. Ecrits inédits** (*Антология български поети. Неиздадени авторски преводи*) – том I, сонети от Иван Вазов, Димитър Полянов, Димчо Дебелянов, Стоян Михайловски, Кирил Христов и Константин Величков. 123 с., 2003.

– *Anthologie de poètes bulgares. Ecrits inédits* – том II, символизъм, стихове от Пею Яворов и Николай Лилиев, както и от руските поети Лермонтов, Тютчев, Надсон и Брюсов. 187 с., 2004.

– *Anthologie des poètes bulgares. Ecrits inédits* – том III, поезията на Теодор Траянов. 257 с., 2005.

– *Sonnets interdits de Lubomir Guentchev* (*Забранени сонети*) – том IV. 148 с., 2005.

– *Lubomir Guentchev, Théâtre lyrique. Ecrits inédits* (*Лирични драми. Неиздадени творби*) – том V. Включени са драмите в стихове **Inséparables** (*Неразделни*)**, Voix du Destin** (*Гласът на Съдбата*)**, Don du Destin** (*Дар на Съдбата*)**, Théurgie** (*Небесна магия*). 387 с., 2006.

– *Lubomir Guentchev, Poésies lyriques. Ecrits inédits* (*Лирични стихове. Неиздадени творби*) – том VI. Включени са поемите: **Mémorial poétique** (*Поетичен мемориал*)**, Destinées** (*Орисии*)**, Orphée** (*Орфей*). 250 с., 2006.

– *Lubomir Guentchev, Panthéon* (*Пантеон*) – том VII. Това са сонети от периода 1962-1979 г., „философско-поетична медитация" според самия автор. Централна метафора е *Храмът* и авторът символично отдава почит към *Мисълта*, *Духа* и *Човешката душа*. Този том е поетичен израз на мечтата за *Свобода*. 316 с., 2007.

В паметта на няколко общи приятелки от студентските ни години Марта бе и остава „*човек с толерантен и цивилизован дух, с отговорност към себе си, оценяващ по достойнство всичко. Имаше вродено благородство на душата, онова тъй рядко, но най-ценно човешко качество, затова в ежедневието проявяваше винаги усет и чувство за добрата постъпка.*

Тя отсъждаше явленията всяко заради самото явление, не рискуваше да накърни или обиди някого, стремеше се да не отсъжда несправедливо, имаше жив интерес към всичко... Тя бе разбиращо сърце и много добър приятел..." (Денка Д.)

Марта не е вече сред нас, но остава в сърцата ни, защото в живота раздялата е условно понятие. Остава светлината и радостта на истинското приятелство...

На 4 април 2005 г. Марта ми изпрати няколко свои стихотворения. Ще дам откъс от писмото й:

„*...те са от един период на самота и неистови чувства, от който аз бавно се отделих... Показвала съм ги само на две-три приятелки... Имам общо около 40-тина. За момента искам само да ги подредя, за да мога напълно да се отделя от състояния, които са ги извиквали... Целта е да опозная себе си и един период от живота си..."*

С това първо издание на стиховете си (предназначено за нейните приятели и близки) Марта остава в живота със своя индивидуален знак за тревожността и поривите на нашето време. Тези стихове са израз на дълбинния вътрешен порив към споделена обич и лично щастие, към Светлина и Истина. И всеки ще намери в тях едно малко доказателство, че ориста на народа ни се оформя от личните съдби на отделните индивиди. Ако всеки остане верен само на себе си и на своя талант, **шествието, което носи пламъка**, ще просъществува...

Невяна Тасева-Керемедчиева

www.ingramcontent.com/pod-product-compliance
Lightning Source LLC
Chambersburg PA
CBHW071703090426
42738CB00009B/1641